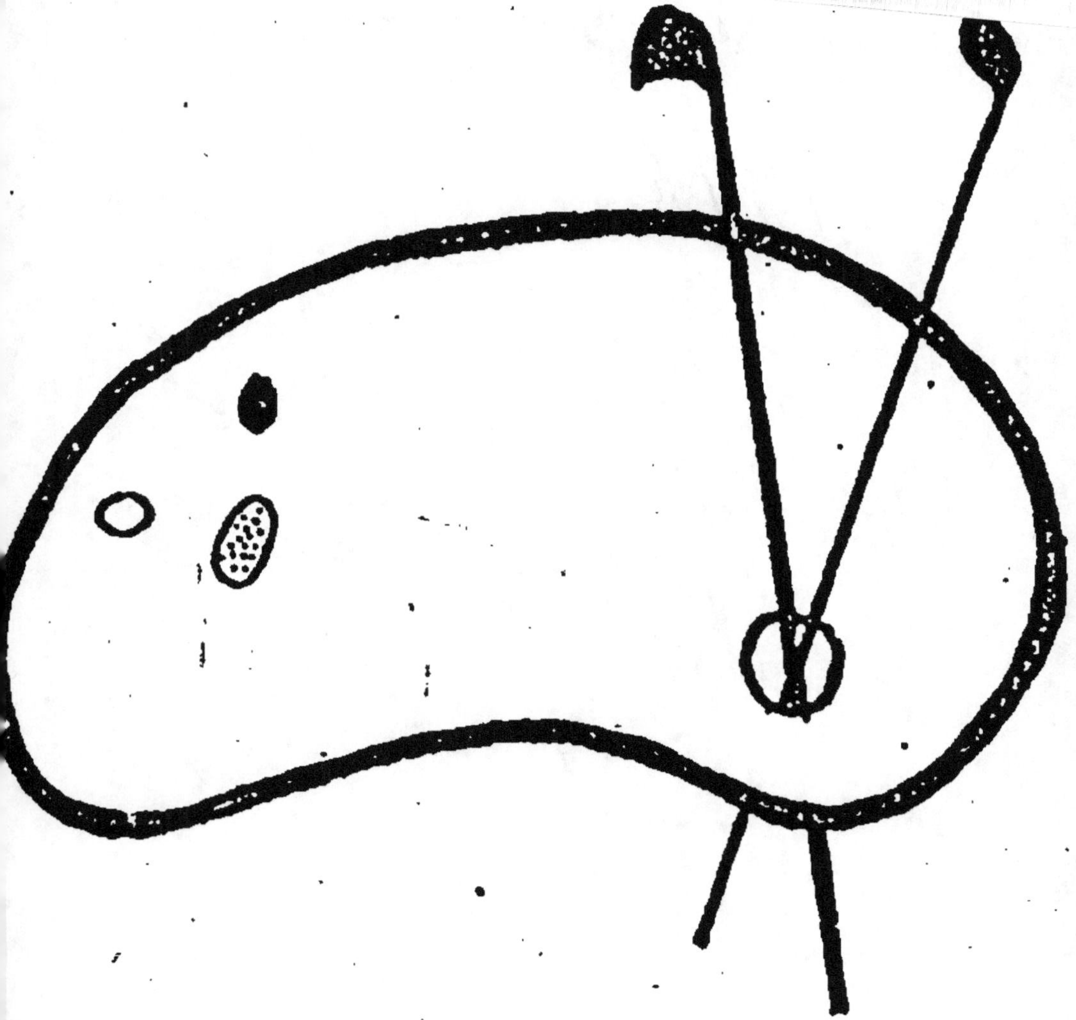

DEBUT D'UNE SERIE DE DOCUMENTS
EN COULEUR

Legendæ
Sanctorum Guide
1576

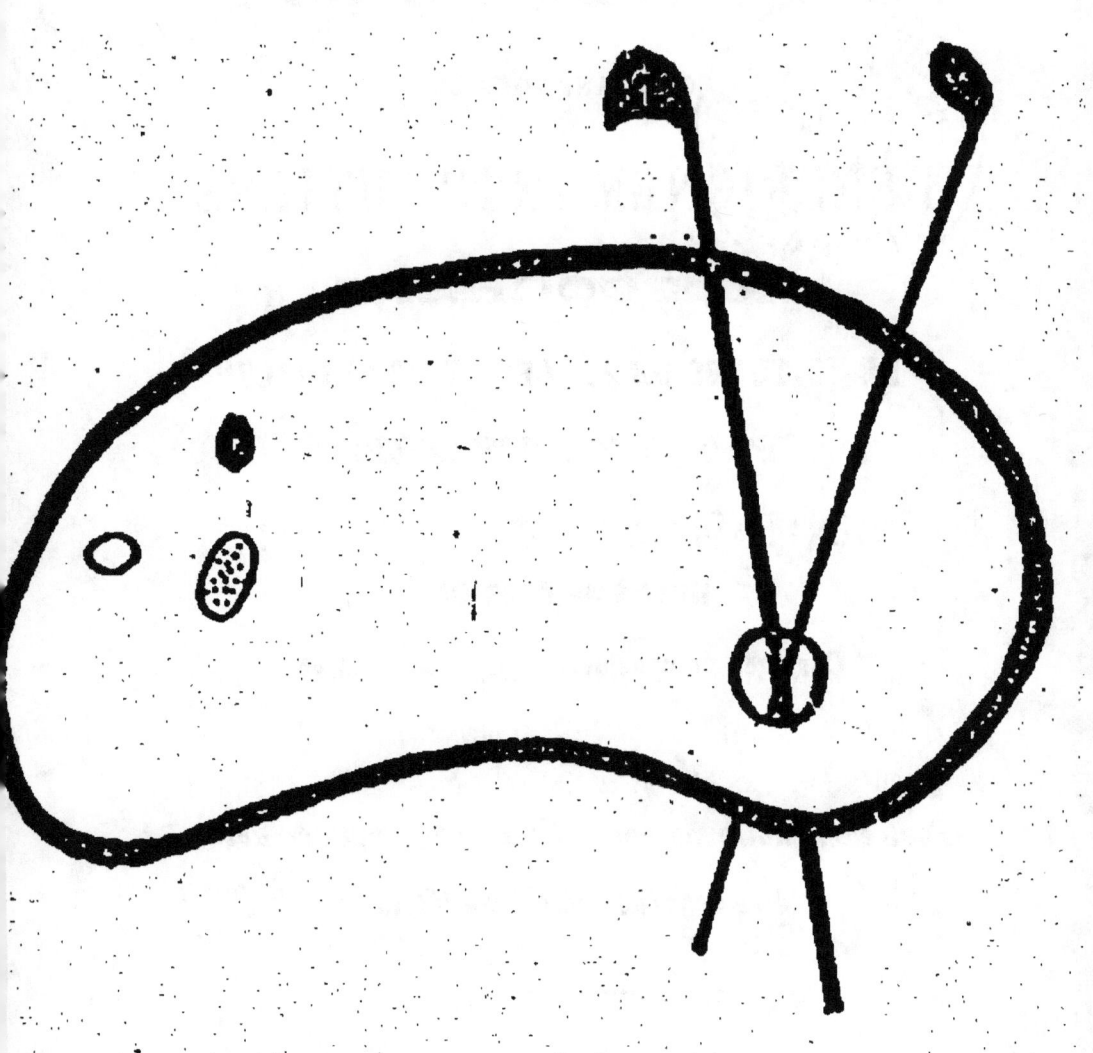

FIN D'UNE SERIE DE DOCUMENTS EN COULEUR

INDICATEUR-GUIDE

CONTENANT TOUS LES

RENSEIGNEMENTS UTILES

AUX COCHERS

DE VOITURES DE PLACES ET DE REMISES

Par LEGENDRE

HUITIÈME ÉDITION

Corrigée et considérablement augmentée

Tout exemplaire ne portant pas ma signature devra être regardé comme contrefait

SE VEND

Chez LEGENDRE, relieur

15, RUE TURENNE, 15

ENVIRONS DE PARIS.

Nomenclature alphabétique des communes des environs de Paris à 40 et 50 kilomètres à la ronde, avec l'indication de la distance en kilomètres depuis Notre-Dame et des Portes par lesquelles l'on peut se rendre dans toutes les communes indiquées ci-après avec les routes qui y conduisent.

AVIS IMPORTANT

Ces communes n'étant soumises à aucun tarif, le prix du transport doit être réglé de gré à gré entre le cocher et le voyageur.

Conserver ce numéro en cas de réclamation.

VOITURE DE REMISE A 4 PLACES
prise dans les lieux de remisage ou chargement sur la voie publique

TARIF MAXIMUM DANS L'INTÉRIEUR DE PARIS

De 6 heures du matin en été De 7 heures matin en hiver à minuit 30 minutes.	De minuit 30 minutes à 6 heures du matin en été et à 7 heures matin en hiver
Voiture prise au remisage.	
La course...... 2 fr. »	La course...... 3 fr. »
L'heure....... 2 50	L'heure....... 3 »
Voiture prise sur la voie publique.	
La course..... 1 fr. 70	La course..... 2 fr. 50
L'heure...... 2 25	L'heure...... 2 75

TARIF MAXIMUM AU-DELA DES FORTIFICATIONS

Voiture prise au remisage.
Course ou heure... 3 fr. » | Indemnité de retour... 2 fr.

Voiture prise sur la voie publique.
Course ou heure. 2 fr. 75 | Indemnité de retour.. 1 fr

VOITURE PRISE HORS DES FORTIFICATIONS DE PARIS
Prix de l'heure pour l'intérieur de Paris

BAGAGES : 1 colis, 25 c.; 2 colis, 50 c.; 3 colis et au-dessus, 75 c.

COMMUNES CONTIGUES AUX FORTIFICATIONS

NOMS DES COMMUNES	Habitants	DISTANCE en kilomètr.	PORTE DE SORTIE
Aubervilliers.....	6,098	7 N.	Aubervillers.
Arcueil.........	4,078	7 S.	Gentilly.
Boulogne.......	13,944	9 O.	Saint-Cloud.
Bagnolet.......	2,553	9 E.	Bagnolet.
Clichy-la-Garenne.	17,473	7 N.-O.	Clichy.
Charenton......	5,581	8 S.-E.	Charenton.
Gentilly........	9,093	5 S.	Gentilly.
Ivry...........	7,056	8 S.-E.	Ivry
Issy...........	6,703	8 S.-O.	Versailles.
Montreuil......	6,871	10 E.	Montreuil.
Montrouge.....	3,334	6 S.	Montrouge.
Neuilly........	13,216	7 S.-O.	Neuilly.
Saint-Ouen.....	3,294	8 N.	Saint-Ouen.
Saint-Denis.....	22,052	9 N.	Saint-Denis.
Saint-Mandé....	2,883	6 E.	Saint-Mandé.
Romainville.....	4,289	6 N.-E.	Romainville.
Prés-Saint-Gervais	1,921	6 N.-E.	Romainville.
Pantin.........	4,842	6 N.-E.	Pantin.
Vanves.........	6,016	7 S.-O.	Vanves.
Vincennes......	13,414	7 E.	Vincennes.

A

NOMS DES COMMUNES	DISTANCE en kilomètre	PORTES DE SORTIE
Ableiges, Seine-et-Oise	40 N.-O.	de la Chapelle.
Ablon, id.	16 S.	d'Italie.
Achères, id.	25 N.-O.	de Neuilly.
Aigremont, id.	23 O.	id
Alluette-le-Roi, id.	30 O.	id.
Ablainville, Oise	43 N.	de la Chapelle.
Andelu, Seine-et-Oise	36 O.	de Neuilly.
Angevilliers, id.	36 S.-O.	d'Orléans.
Andeilly, Seine-et-Oise	16 N.	de la Chapelle.
Andrézelles, S.-et-Marne	44 S.-E.	de Charenton.
Andrezy, Seine-et-Oise	33 N.-O.	de Neuilly.
Annet, Seine-et-Marne	29 E.	de Pantin.
Anservilles, Oise	40 N.	de La Chapelle.
Antony, Seine	14 S.	d'Orléans.
Apremont, Oise	40 N.	de La Chapelle.
Argenteuil, S.-et-Oise	14 N.-O.	de Neuilly.
Arnouville, S.-et-Oise	16 N.	de La Chapelle.
Arpajon, id.	42 S.	d'Orléans.
Arronville, id.	44 N.-O.	de La Chapelle.
Asnières-sur-Oise	32 N.	id.
Asnières-sur-Seine	7 N.-O.	d'Asnières.
Athis, Seine-et-Oise	17 S.	d'Italie.
Attinville, id.	24 N.	de La Chapelle.
Auffargis, id.	36 S.-O.	Saint-Cloud.
Aubergenville, S.-et-O.	35 O.	de Neuilly.
Auffreville, id.	44 O.	id.
Aulnay-les-Bondy, id.	14 N.-E.	de Pantin.
Aulnoy, Seine-et-Oise	38 O.	de Neuilly.
Auteuil, id.	38 O.	id.
Autouillet, id.	40 O.	id.
Auvernaux, id.	38 S.	d'Italie.
Auvers et Butry, S.-et-O.	28 N.-O.	de La Chapelle.
Auvers-St-Georges, id.	40 S.	d'Orléans
Auvernes, Seine-et-Oise	44 N.-O.	de La Chapelle.
Avrinville, id.	35 S.	d'Orléans.
Alfort, Seine	9 S.-E.	de Charenton.

B

NOMS DES COMMUNES.	DISTANCE en kilomètre	PORTES DE SORTIE.
Bagneux, Seine.	8 S.	d'Orléans.
Baillet, Seine-et-Oise.	25 N.	de la Chapelle.
Bailly, id.	18 O.	de Saint-Cloud.
Bailly-Romainv., S.-et-M.	32 E.	de Vincennes.
Balagny-s.-Aunette, Oise.	44 N.-E.	de la Villette.
Balancourt, S.-et-Oise.	38 S.	d'Italie.
Balainvillier, id.	20 S.	d'Orléans.
Barcy, Seine-et-Marne.	40 N.-E.	de Pantin.
Barbery, Oise.	45 N.-E.	de la Villette.
Barron, id.	46 N.-E.	de la Villette.
Baubigny, Seine.	9 N.-E.	de Pantin.
Baulne, Seine-et-Oise.	40 S.	d'Italie.
Bazemon, id.	38 O.	de Neuilly.
Bazoches, id.	34 O.	de Saint-Cloud.
Beaumont-s.-Oise, S.-et-O.	34 N.	de la Chapelle.
Bauvoir, Seine-et-Marne.	45 S.-E.	de Charenton.
Béhoul, Seine-et-Oise.	56 O.	de Neuilly.
Belle-Eglise, Oise.	40 N.	de la Chapelle.
Belle-Fontaine, S.-et-O.	28 N.	id.
Belloy, en France, id.	28 N.	id.
Bellevue, id.	11 O.	Versailles.
Bernay, Seine-et-Marne.	44 S.-E.	de Charenton.
Bernes, Seine-et-Oise.	34 N.	de la Chapelle.
Berville, id.	44 S.-E.	de Charenton.
Bézons, id.	12 N.-O.	de Neuilly.
Bezancourt, id.	23 N.	de la Chapelle.
Bethmont, id.	24 N.	id.
Beine, id.	34 O.	de Neuilly.
Blanc-Ménil, id.	13 N.-E.	de la Villette.
Blincourt, Oise.	40 N.	de la Chapelle.
Bois-d'Arcy, Seine-et-Oise.	24 O.	de Saint-Cloud.
Bois-le-Roy, Seine-et-M.	50 S.-E.	de Charenton.
Boy-Robert, Seine-et-Oise	46 O.	de Neuilly.
Boisemont, id.	40 N.-O.	id.
Boissette, Seine-et-Marne.	42 S.-E.	d'Italie.
Boissise-la-Bertrand, id.	40 S.-E.	id.
Boissise-le-Roy, S.-et-M.	40 S.-E.	id.
Berny (Croix de) Seine	8 S.	d'Orléans.
Bièvres, Seine-et-Oise	15 S.-O.	Châtillon.
Billancourt, Seine.	10 S.-O.	Point-du-Jour.

NOMS DES COMMUNES.	DISTANCE en kilomèt.	PORTES DE SORTIE.
Boissy-l'Aillery, S.-et-O.	36 N.-O.	de La Chapelle.
Boissy-Saint-Léger, S.-et-O.	17 S.-E.	de Charenton.
Boissy-s.-St-Yon, id.	36 S.	d'Orléans.
Bondoufle, id.	28 S.	d'Italie.
Bondy, Seine.	12 E.	de Pantin.
Bonnelle, Seine-et-Oise.	36 S.-O.	d'Orléans.
Bonneuil, id.	16 N.-E.	de La Villette.
Bonneuil-s.-Marne, Seine.	13 S.-E.	Charenton.
Boran, Oise.	35 N.	de La Chapelle.
Bornel, id.	40 N.-O.	id.
Borest, id.	44 N.-E.	de La Villette.
Bouafle, Seine-et-Oise.	32 O.	de Neuilly.
Bouflemont, id.	22 N.	de La Chapelle.
Bougival, id.	17 O.	de Neuilly.
Bouleurs, Seine-et-Marne.	42 E.	de Vincennes.
Bouqueval, Seine-et-Oise.	22 N.	de La Chapelle.
Bouray, id.	40 S.-E.	d'Orléans.
Bourg-la-Reine, Seine.	9 S.	d'Orléans.
Bourget, id.	12 N.-E.	de La Villette.
Boursy-St-Antoine, S.-et-O.	23 S.-E.	de Charenton.
Boutigny, Seine-et-Marne.	46 N.-E.	de Pantin.
Bréançons, Seine-et-Oise.	40 N.-O.	de La Chapelle.
Brétigny, id.	28 S.	d'Orléans.
Breuillet, id.	36 S.	id.
Breux, id.	38 S.	id.
Brévanne, id.	17 S.-E.	de Charenton.
Bréviaires, id.	40 S.-O.	de St-Cloud.
Briches, id.	40 S.	d'Orléans.
Brie-Comte-Robert, S.-et-M.	30 S.-E.	de Charenton.
Brie-sur-Marne, Seine.	14 E.	de Vincennes.
Bris-sous-Forge, S.-et-O.	30 S.-O.	d'Orléans.
Brou, Seine-et-Marne.	20 E.	de Vincennes.
Breuil, Seine-et-Oise.	43 N.-O.	de Neuilly.
Brunoy, id.	24 S.-E.	de Charenton.
Bruyères-le-Châtel, S.-et-O.	32 S.	d'Orléans.
Bruyers, Seine-et-Oise.	34 N.	de La Chapelle.
Buc, id.	20 S.-O.	de Versailles.
Bullion, Seine-et-Marne.	38 S.-O.	d'Orléans.
Bures, Seine-et-Oise.	25 S.-O.	id.
Bussy St-Georges, S.-et-M.	24 E.	de Vincennes.
Bussy-St-Martin, S.-et-M.	24 E.	id.

C

NOMS DES COMMUNES.	DISTANCE en kilomètre	PORTES DE SORTIE.
Carnetin, Seine-et-Marne.	26 E.	de Vincennes.
Carrières-les-Poissy, S.-O.	24 O.	de Neuilly.
Carrières-St-Denis, id.	15 N.-O.	id.
Celles-les-St-Cloud, id.	15 O.	id.
Celles-les-Bordes, id.	38 S.-O.	de Sèvres.
Cergy, Seine-et-Oise	32 N.-O.	de La Chapelle.
Cessan, Seine-et-Marne	36 S.-E.	de Charenton.
Chalifert, id.	32 E.	de Vincennes.
Cernay-la-Ville, S.-et-O	34 S.-O.	de Châtillon.
Chamarande, id.	38 S.	d'Orléans.
Charmant, Oise	42 N.-E.	de La Villette.
Chambly, id.	34 N.	de La Chapelle.
Chambourcy, S.-et-Oise	27 O.	de Neuilly.
Champagne, id.	34 N.	de La Chapelle.
Chambry, S.-et-Marne	44 E.	de Pantin.
Champcœuil, id.	40 S.-E.	d'Italie.
Champigny, Seine	14 E.	de Vincennes.
Champlan, Seine-et-Oise	18 S.	d'Orléans.
Champlâtreux, id.	24 N.	de La Chapelle.
Champ-s.-M., S.-et-M	20 E	de Vincennes.
Chanteloup, Seine-et-Oise	26 N.-O.	de Neuilly
Chanteloup, S.-et-Marne	30 E.	de Vincennes.
Chantilly, Oise (course)	41 N.	de La Chapelle.
Chapelle-en-Serval, Oise	36 N.	de La Villette.
Chapelle-s.-Crécy, S.-et-M	42 E.	de Vincennes.
Chapelle-Iger, S.-et-M	48 S.-E.	de Charenton.
Chapet, Seine-et-Oise	30 O.	de Neuilly.
Charmentré, S.-et-Marne	32 N.-E.	de Pantin.
Charny, id.	32 E.	de Pantin.
Châteaufort, Seine-et-Oise	24 S.-O.	de Châtillon.
Châtenay-en-France, id.	24 N.	de La Chapelle.
Châtenay-le-Bagneux, S.	12 S.-O.	d'Orléans.
Châtillon-sous-Bagneux, S.	10 S.-O.	de Châtillon.
Chatou, Seine-et-Oise	16 S.-O.	de Neuilly.
Chartres-en-Brie, S.-et-M.	34 E.	de Charenton.
Chauconin, id.	38 N.-E.	de Pantin.
Chapelle-les-Villages, id.	36 S.-E.	de Charenton.

NOMS DES COMMUNES	DISTANCE en kilomètre	PORTES DE SORTIE
Chaufour, Seine-et-Oise	40 S.	d'Orléans.
Chaumes, Seine-et-Marne	42 S.-E.	de Charenton.
Chaumontel, Seine-et-Oise	28 N.	de la Chapelle.
Chauvry, id.	22 N.	id.
Châville, id.	14 S.-O.	de Sèvres.
Chelles, Seine-et-Marne	24 E.	de Vincennes.
Chenevières-en-Fr., S.-et-O.	25 N.-E.	de la Villette.
Chenevières-s-Marne, id.	15 S.-E.	de Charenton.
Cheptinvilles, Seine-et-Oise	34 S.	d'Orléans.
Chenay, id.	16 O.	d'Auteuil.
Chessy, Seine-et-Marne	30 E.	de Vincennes.
Chevannes, Seine-et-Oise	37 E.	d'Italie.
Chévilly-la-Rue, Seine	8 S.	id.
Chevreuse, Seine-et-Oise	30 S.-O.	de Châtillon.
Chévreville, Oise	46 N.-E.	de la Villette.
Chevry-Cossigny, S.-et-M.	26 S.-E.	de Charenton.
Chilly, Seine-et-Oise	16 S.	d'Orléans.
Choissel, id.	30 S.-O.	de Versailles.
Choisy-le-Roy, Seine	11 S.	de Choisy.
Claire-Fontaine, S.-et-Oise	42 S.-O.	de Châtillon.
Clamart-s-Meudon, Seine	9 S.-O.	de Sèvres.
Claye, Seine-et-Marne	28 N.-E.	de Pantin.
Colégien, id.	24 E.	de Vincennes.
Claye-les-Villages, S.-et-O.	26 O.	de Saint-Cloud.
Clichy-en-Launoy, id.	14 N.-E.	de Pantin.
Coignières, Seine-et-Oise	32 O.	de Saint-Cloud.
Colombes, Seine	12 N.-O.	de Neuilly.
Combaut, Seine-et-Marne	18 E.	de Charenton.
Combe-la-Ville, id.	26 S.-E.	id.
Compans-la-Ville, id.	28 N.-E.	de Pantin.
Conches, id.	24 E.	de Vincennes.
Conflans, Seine	7 S.-E.	de Charenton.
Condé-St Libiaire, S.-et-M.	34 E.	de Vincennes.
Condecourt, Seine-et-Oise	38 N.-O.	de la Chapelle.
Conflans-Honorine, id.	22 N.-O.	de Neuilly.
Corbeil, id.	32 S.	d'Italie.
Cormeil-en-Parisy, id.	16 N.-O.	de la Chapelle.
Combaron, id.	16 E.	de Pantin.
Coubert-H.-et-B., S.-et-M.	36 S.-E.	de Charenton.
Coudray-H.-et-B., S.-et-O.	34 S.	d'Italie.
Couilly, Seine-et-Marne	42 E.	de Vincennes.
Cormeilles-en-Vexin, S-et-O	36 N.-O.	de la Chapelle.

NOMS DES COMMUNES	DISTANCE en kilomètre	PORTES DE SORTIE
Coulomme, Seine-et-M...	42 E.	de Vincennes.
Coupvray, id.	32 E.	id.
Courbevoie, Seine. —	9 N.-O.	de Neuilly.
Courcelles-s.-Viarne, S.-O.	36 N.-O.	de La Chapelle.
Courdimanche, S.-et-Oise.	32 N.-O.	de Neuilly.
Courneuve, Seine.	10 N.	de La Villette.
Courquetaine, S.-et-Marne.	34 S.-E.	de Charenton.
Courson, Seine-et-Oise...	34 S.-O	d'Orléans.
Courteuil, Oise.	40 N.	de La Villette.
Courthomer, S.-et-Marne.	45 S.-E.	de Charenton.
Courtry, id.	18 E.	id.
Courtevroult, id.	36 E.	de Vincennes.
Coye, Seine-et-Oise.	32 N.	de La Chapelle.
Cramoisy, Oise.	42 N.	id.
Crécy-sur-Marne.	45 N.-E.	de Vincennes.
Creil, Oise.	47 N	de La Chapelle.
Crèvecœur, S.-et-Marne.	44 S.-E.	de Charenton.
Crégy. id.	44 N.-E.	de Pantin.
Crépières, Seine-et-Oise.	37 O.	de Neuilly.
Créteil, Seine.	11 S.-E.	de Charenton.
Crissinoy, Seine-et-Marne.	40 S.-E.	id.
Croissy-Baubourg, id.	21 E.	de Vincennes.
Croissy-sur-Seine.	12 O.	de Neuilly.
Crosne, Seine-et-Oise.	18 S.-E.	de Charenton.
Crouy, Oise.	38 N.	de la Chapelle.
Cuisy, Seine-et-Marne.	34 N.-E.	de Pantin.
Courcouronne, S.-et-Oise.	28 S.	d'Italie.
Château-la-Piple, S.-et-O.	15 S.-E.	de Charenton.

D

NOMS DES COMMUNES	DISTANCE en kilomètre	PORTES DE SORTIE
Damemarie-les-Lys, S.-M.	42 S.-E.	de Charenton.
Dammart, Seine-et-Marne.	28 E.	de Vincennes.
Dammartin, id.	34 N.-E.	de La Villette.
Dampierre, S.-et-Oise.	34 S.-O.	de Sèvres.
Daumont, id.	10 N.	de la Chapelle.

NOMS DES COMMUNES	DISTANCE en kilomètre	PORTES DE SORTIE
Davron, Seine-et-Oise	28 O.	de St-Cloud.
Deuil, id.	14 N.	de La Chapelle.
Dhuisson, id.	44 S.	d'Orléans.
Dieudonné, Oise	44 N.	de La Chapelle.
Dourdan, Seine-et-Oise	52 S.-O.	d'Orléans.
Dracourt, id.	48 N.-O.	de Neuilly.
Drancy, Seine.	12 N.-E.	de Pantin.
Draveil, Seine-et-Oise	25 S.-E.	de Charenton.
Dugny, Seine.	12 N.-E.	de La Villette.

E

Eaux-Bonnes, S.-et-Oise.	18 N.-O.	de La Chapelle.
Ebly, S.-et-Marne.	36 E.	de Vincennes.
Echarçon, Seine-et-Oise.	35 S.	d'Italie.
Ecouen, id.	19 N.	de La Chapelle.
Ecquevilly, id.	32 O.	de Neuilly.
Egly, id.	34 S.	d'Orléans.
Elancourt, id.	29 O.	de Sèvres.
Emérainville, S.-et-Marne.	22 E.	de Vincennes.
Ennery, Seine-et-Oise.	34 N.-O.	de La Chapelle.
Epiais-les-Louvres, id.	26 N.-E.	de La Villette.
Epiaix, Seine-et-Oise.	38 N.-O.	de La Chapelle.
Epinax-sous-Senard, S.-O.	26 S.-E.	de Charenton.
Epinay-s Orges, S.-et-O.	23 S.	d'Orléans.
Epinay-s-Seine.	14 N.-O.	de La Chapelle.
Epônes, S.-et-Oise.	46 O.	de Neuilly.
Eragny, id.	28 N.-O.	de La Chapelle.
Ecuis, Oise.	42 N.	id.
Ermenonville, Oise.	40 N.-E.	de Pantin.
Ermont, Seine-et-Oise.	20 N.	de La Chapelle.
Esches, id.	44 N.	id.
Essarts-le-Roi, id.	36 S.-O.	de Sèvres.
Essonnes, id.	30 S.	d'Italie.
Etang-la-Ville, id.	20 O.	de Neuilly.
Etiolle, id.	28 S.-E.	de Charenton.
Etréchy, Seine-et-Oise.	44 S.	d'Orléans.
Evequemont, id.	32 N.-O.	de Neuilly.
Eve, Oise.	38 N.-E.	de La Villette.
Evry-les-Châteaux, S.-et-M.	30 S.-E.	de Charenton.

NOMS DES COMMUNES.	DISTANCE en kilomètre	PORTES DE SORTIE.
Evry-sur-Seine, S.-et-O.	26 S.	d'Italie.
Ezenville, id.	20 N.	de La Chapelle.
Enghien-les-Bains	15 N.	id.

F

NOMS DES COMMUNES.	DISTANCE	PORTES DE SORTIE.
Fubleime, Seine-et-Marne.	42 N.-E.	de Pantin.
Fontenelles, Seine-et-Oise.	35 N.-O.	de La Chapelle.
Fontenay-Trézigny, S.-M.	38 S.-E.	de Charenton.
Falaise, Seine-et-Oise	38 O.	de Neuilly
Favières, Seine-et-Marne.	32 E.	de Charenton.
Ferrières, id.	25 E.	de Vincennes.
Ferrolles, id.	26 S. E.	de Charenton.
Ferté-Alais, Seine-et-Oise.	46 S.	d'Orléans.
Feucherolles, id.	28 O.	de St.-Cloud.
Fleury-Mérogis, id.	24 S.	d'Italie.
Flexenville, id.	44 O.	de St.-Cloud.
Flins, id.	36 O.	de Neuilly.
Fontaine-le-Port, S.-et-M.	50 S.-E.	de Charenton.
Fontaine-les-Cornus, Oise.	44 N.-E.	de La Villette.
Fontainebleau, S.-et-M.	60 S.-E.	d'Italie.
Fontenay-aux-Roses, Seine.	9 S.-O.	de Châtillon.
Fontenay-sous-Bois, id.	10 E.	de Vincennes.
Fontenay-en-France, S.-O.	24 N.	de La Chapelle.
Fontenay-le-Fleury, id.	22 O.	de St.-Cloud.
Fontenay-le-Vicomte, id.	36 S.	d'Italie.
Fontenay-les-Brie, id.	32 S.-O.	de Châtillon.
Forges-les-Bains, S.-et-O.	32 S.-O.	de Versailles.
Fosses, id.	30 N.	de La Chapelle.
Fosseuse, Oise	40 N.	id.
Franconville, Seine-et-Oise.	20 N.-O.	id.
Frémecourt, id.	38 N.-O.	id.
Frépillon, id.	34 N.	id.
Fresnes, Seine-et-Marne.	32 S. E.	de Pantin.
Fresnes-les-Rungis, Seine.	10 S.	d'Orléans.
Frémainville, Seine-et-Oise.	42 N.-O	de Neuilly.
Fresnoy-en-Thelle, Oise	39 N.	de La Chapelle.
Fresnoy en-Thel, Oise	36 N.	de La Chapelle.
Frette, Seine-et-Oise	16 N.-O.	de Neuilly.
Frouville, id.	38 N.	de La Chapelle.

NOMS DES COMMUNES	DISTANCE en kilomètre	PORTES DE SORTIE
Fublaime, Seine-et-Marne.	42 N.-E.	de la Villette.
Forféry, id.	44 N.-E.	id.
Fouju, id.	44 S. E.	de Charenton.
Fourqueux, Seine-et-Oise.	19 N.-O.	de Neuilly.
Flancourt, id.	30 O.	de Saint-Cloud.

G

NOMS DES COMMUNES	DISTANCE	PORTES DE SORTIE
Gagny, Seine-et-Oise.	15 E.	de Montreuil.
Gaillon, id.	36 N. O.	de Neuilly.
Galluis-la Queue, id.	49 O.	d'Auteuil.
Garches, id.	11 O.	de Saint-Cloud.
Gargenville, id.	44 O.	de Neuilly.
Garges, id.	14 N.	de la Chapelle.
Géricourt, id.	34 N.-O.	id.
Gérocourt, id.	37 N.-O.	id.
Génevilliers, Seine	10 N.-O.	Clichy-Asnières.
Gèvres-le-Chapitre, S.-et-M.	40 N.-E.	de Pantin.
Gif, Seine-et-Oise.	24 S.-O.	de Châtillon.
Gometz-la-Ville, Seine-et-O.	28 S.-O.	d'Orléans.
Gometz-le-Châtel, id.	26 S.-O.	id.
Gonesse, id.	17 N. E.	de la Villette.
Goupillière, id.	44 O.	de Neuilly.
Gournay-sur-Marne, id.	17 E.	de Vincennes.
Goussainvilles, id.	20 N.	de la Villette.
Gouvernes, Seine-et-Marne.	26 E.	de Vincennes.
Gouvieux, Oise.	36 N.	de la Chapelle.
Grégy, Seine-et-Marne.	28 S.-E.	de Charenton.
Gressy, id.	28 N.-E.	de Pantin.
Gretz, id.	28 S.-E.	de Charenton.
Gravelle, id.	9 S.-O.	id.
Grigny, Seine-et-Oise	24 S.	d'Italie.
Grisy-aux-Plâtres, S.-et-O.	40 N.-O.	de la Chapelle.
Grisy-Suines, Seine-et-M.	30 S.-E.	de Charenton.
Groslay, Seine-et-Oise.	14 N.	de la Chapelle.
Gros-Rouvres, id.	40 O.	d'Auteuil.
Guermantes, Seine-et-M.	26 E.	de Vincennes.
Guibeville, Seine-et-Oise.	34 S.	d'Orléans.
Guigues, Seine-et-Marne.	46 S.-E.	de Charenton.
Guigneville, Seine-et-Oise.	44 S.	d'Italie.
Guyencourt, id.	22 S.-O.	de Sèvres.
Gesvres-le-Chapitre, S.-M.	40 N.-E.	de Pantin.

H

NOMS DES COMMUNES.	DISTANCE en kilomètre	PORTES DE SORTIE.
Hay, Seine	10 S.	d'Orléans.
Haravilliers, Seine-et-Oise.	44 N.-O.	de la Chapelle.
Hardricourt, id.	36 N.-O.	id.
Hargeville, id.	44 O.	id.
Héaume, id.	44 N.-O.	id.
Hédouville, id.	36 N.	id.
Herbéville, id.	36 O.	de Neuilly.
Herblay, id.	19 N.-O.	id.
Hérouville, id.	36 N.-O.	de La Chapelle.
Houilles, id.	14 N.-O.	de Neuilly.
Houssaye, Seine-et-Marne.	40 E.	de Charenton,

I

Ile-St-Denis, Seine	10 N.	de La Chapelle.
Igny, Seine-et-Oise.	16 S.-O.	d'Orléans.
Ile-Adam, id.	32 N.-O.	de La Chapelle.
Itteville, id.	40 S.	d'Orléans.
Ile-les-Villenoy, S.-et-M.	36 E.	de Vincennes.
Iverny, id.	35 N.-E.	de Pantin.

J

Jablines, Seine-et-Marne	32 N.-E.	de Pantin.
Jagny, Seine-et-Oise	24 N.	de La Chapelle.
Jambeville, id	40 N.-O.	de Neuilly.
Jeanvry, id.	26 S.-O.	d'Orléans.
Jossigny, Seine-et-Marne.	28 E.	de Vincennes.
Jouy-en-Josas, S.-et-Oise.	16 S.-O.	de Châtillon.
Jouy-le-Comte, id.	32 N.	de la Chapelle.
Jouy-le-Moutier, id.	28 N.-O.	de Neuilly.
Juilly, Seine-et-Marne	32 N.-E.	de Pantin.
Jumeauville, Seine-et-Oise.	40 O.	de Neuilly.
Juvisy, id.	19 S.	d'Italie.
Juzières, id.	40 N.-O.	de Neuilly.
Joinville-le-Pont, Seine.	12 S.-E.	de Charenton.

L

Le Vésinet, Seine-et-Oise.	19 O.	de Neuilly.
La Malmaison, Château S.-O.	15 O.	de Neuilly.

NOMS DES COMMUNES.	DISTANCE en kilomètre	PORTES DE SORTIE.
Labbeville, Seine-et-Oise	36 N.-O.	de La Chapelle.
Lagny, Seine-et-Marne	28 E.	de Vincennes.
Lagny-le-Sec, Oise	38 N.-E.	de La Villette.
Lamorlaye, id.	32 N.	de La Chapelle.
Lanluette-St-Jame, S.-et-O.	33 O.	de Neuilly.
Lardy, id.	42 S.	d'Orléans.
Lacy, id.	25 N.	de La Chapelle.
Lahy, Seine	10 S.	d'Orléans.
Lays, Seine-et-Oise	36 S.-O.	de Versailles.
Livry-Raincy	17 N.-E.	de Pantin.
Lesches, Seine-et-Marne	32 E.	de Vincennes.
Les Mureaux, S.-et-Oise	42 N.-O.	de Neuilly.
Lézigny, Seine-et-Marne	24 S.-E.	de Charenton.
Leudeville, Seine-et-Oise	40 S.	d'Orléans.
Leuville, id.	28 S.	id.
Lieusaint, Seine-et-Marne	32 S.-E.	de Charenton.
Limeil-Brévanne, S.-et-O.	16 S.-E.	id.
Limoges, Seine-et-Marne	32 S.-E.	id.
Limours, Seine-et-Oise	34 S.-O.	d'Orléans.
Linas, id.	25 S.	id.
Lisses, id.	28 S.	d'Italie.
Lissy, Seine-et-Marne	36 S.-E.	de Charenton.
Liverdy, id.	34 S.-E.	id.
Livillier, Seine-et-Oise	25 N.-O.	de La Chapelle.
La Varenne Saint-Maur	18 E.	de Vincennes.
Livry, Seine-et-Marne	44 S.-E.	de Charenton,
Livry-en-Launay, S.-et-O.	20 E.	de Pantin.
Loges, id.	16 S.-O.	de Versailles.
Logne, Seine-et-Marne	22 E.	de Vincennes.
Lonjumeau, Seine-et-Oise	20 S.	d'Orléans.
Longpérier, Seine-et-Marne	30 N.-E.	de La Villette.
Longpont, Seine-et-Oise	25 S.	d'Orléans.
Longuesse, id.	40 N.-O.	de La Chapelle.
Longvilliers, id.	40 S.-O.	d'Orléans.
Louveciennes, id.	16 O.	de Neuilly.
Louvres, id.	24 S.-E.	de La Villette
Luzarches, id.	30 N.	de La Chapelle.
Lys, Oise	33 N.	id.
La Marche, ch. de course	15 O.	St-Cloud.
Lavarenne-St.-Hilaire, S. O.	24 S.-E.	de Charenton.

M

NOMS DES COMMUNES	DISTANCE en kilomètre	PORTES DE SORTIE
Malnoue (Seine-et-Marne).	20 E.	de Vincennes.
Massy, Seine-et-Oise. . .	15 S.	d'Orléans.
Marnes, id.	14 O.	de Sèvres.
Marche-Moret, S.-et-Marne.	38 N.-O.	de la Villette.
Maincy, id.	44 S.-E.	de Charenton.
Maffliers, Seine-et-Oise. .	25 N.	de La Chapelle.
Magny-le-Hongre, S.-et-M.	34 E.	de Vincennes.
Magny-les-Hameaux, S.-O.	25 S.-O.	de Versailles.
Maincourt, id.	30 S.-O.	id.
Maisons-Alfort, Seine. . . .	7 S.-O.	de Charenton.
Maisons-sur-Seine, ou Maisons-Laffitte, S.-et-Oise.	22 N.-O.	de Neuilly.
Mandres, id.	25 S.-E.	de Charenton.
Marcoussis, id.	26 S.	d'Orléans.
Marcq, id.	40 O.	de Neuilly.
Mareil-en France, id.	24 N.	de la Chapelle.
Mareil l'Eguyon, id.	36 O.	de Neuilly.
Mareil-sous-Marly. id.	16 O.	id.
Mareil-sur-Maudre, S.-et-O.	36 O.	id.
Mareil-les Meaux, S.-et-M.	40 N. E.	de Pantin.
Margency, Seine-et-Oise.	18 N.	de la Chapelle.
Marines, id.	46 N. O.	id.
Meudon, id.	9 O.	de Meudon
Marles, Seine-et-Marne. . .	40 E.	de Charenton.
Marly-la-Ville, Seine-et-O.	30 N.	de la Villette.
Marly-le-Roi.	15 O.	de Neuilly.
Marolles-en-Brie, S.-et O.	20 S.-E.	de Charenton.
Marolles-en-Hurepoix, id.	36 S.	d'Orléans.
Mauchamps, id.	40 S.	id.
Maule, id.	45 O.	de Neuilly.
Maurecourt, id.	28 N.-O.	id.
Maurepas, id.	27 N.-O.	de St-Cloud.
Moisselles, id.	22 N.	de la Chapelle.
Mauregard, Seine-et-Marne.	28 N.-E.	de La Villette.
Meaux, id.	44 N.-E.	de Pantin.
Melun, ch. lieu id. 10,319 h	45 S.-E.	de Charenton.
Médam, Seine-et-Oise.. . .	28 N.-O.	de Neuilly.
Mée, Seine-et-Marne . . .	42 S.-E.	de Charenton.
Menecy, Seine-et-Oise. . .	32 S.-E.	d'Italie.
Menouville. id.	32 S.-O.	de la Chapelle.

NOMS DES COMMUNES.	DISTANCE en kilomètre	PORTES DE SORTIE
Ménucourt, Seine-et-Oise...	32 N.	de La Chapelle.
Méré-St.-Denis, id.	36 O.	de Saint-Cloud.
Mériel, id.	28 N.	de La Chapelle.
Méry, id.	28 N.	id.
Messière, id.	39 N.-O.	de Neuilly.
Ménil-Amelot, S.-et-Marne.	28 N.-E.	de La Villette.
Méru, Oise..........	57 N.	de La Chapelle.
Ménil-Aubry, Seine-et-Oise.	22 N.	id.
Ménil-le-Roi, id.	18 N.-O.	de Neuilly.
Ménil-Saint-Denis, id.	28 S.-O.	d'Auteuil.
Ménil-Saint-Denis, Oise.	34 N.	de La Chapelle.
Messières, Seine-et-Oise.	36 N.-O.	id.
Mesnuls, Seine-et-Oise...	36 O.	d'Auteuil.
Messy, Seine-et-Marne...	28 N.-E.	de Pantin.
Meulan, Seine-et-Oise....	43 N.-O.	de Neuilly.
Mézy, id.	36 O.	id.
Millemont, id.	42 O.	d'Auteuil.
Mitry, Seine-et-Marne....	25 N.-E.	de Pantin.
Moisenay, id.	42 S.-E.	de Charenton.
Moissy-Chamayelles, S.-M.	30 S.-E.	id.
Molières, Seine-et-Oise...	28 S.-O.	d'Orléans.
Mondeville, id.	42 S.	d'Italie.
Mons, id.	16 S.	id.
Montagny, Oise.......	42 N.-E.	de La Villette.
Montainville, Seine-et-Oise.	34 O.	de Saint-Cloud.
Montalet-le-Bois, id.	42 N.-O.	de Neuilly.
Montataire, Oise.	50 N.	de La Chapelle.
Montereau-sur-le-Jard, Seine et-Marne......	36 S.-E.	de Charenton.
Montrévin, Seine-et-Marne.	30 E.	de Vincennes.
Montrosson, Seine-et-Oise.	15 O.	de Neuilly.
Montfermeil, id.	17 E	de Pantin.
Montgé, Seine-et-Marne..	35 N.-E.	de La Villette.
Montgeron, Seine-et-Oise..	20 S.E	de Charenton.
Montgeroult............	36 N.-E.	de la Chapelle.
Monthion, Seine et-Marne.	40 N.-E	de Pantin.
Montigny-le-Bretonneux, Seine-et-Oise.......	28 S.-O.	de Versailles.
Montigny-les-Cormeilles, Seine-et-Oise.......	18 N.-O.	de Neuilly.
Mont-Lévèque, Oise.....	44 N.	de La Chapelle.
Montlhéry, Seine-et-Oise..	26 S.	d'Orléans.

— 17 —

NOMS DES COMMUNES.	DISTANCE en kilomètre.		PORTES DE SORTIE.
Malnoue, Seine-et-Marne...	20	E.	de Vincennes.
Montlignon, Seine-et-Oise .	18	N.	de La Chapelle.
Montmagny. id.	12	N.	id.
Montmorency, id.	17	N.	id.
Montreuil-Grand, Seine-et-O	20	O.	de Sèvres.
Montry, Seine-et-Marne...	34	E.	de Vincennes.
Montsoult, Seine-et-Oise. .	25	N.-O.	de La Chapelle.
Morinvilliers, id.	28	O.	de Neuilly.
Morangis, id.	18	S.-E.	d'Italie.
Morangles, Oise........	36	N.	de La Chapelle.
Morfontaine, Oise.......	32	N.-E.	de La Villette.
Monceau, Seine-et-Oise...	33	S.	d'Italie.
Montceaux, Seine-et-Marne.	10	E.	de Pantin.
Montfort-Lamaury, S.-et-O	54	O.	de Saint-Cloud.
Morsan-sur-Orges, S.-O...	22	S.	d'Italie.
Morsan-sur-Seine, id.	34	S.	id.
Mours, id.	30	N.	de La Chapelle.
Morry, Seine-et-Marne...	26	N.-E.	de Pantin.
Moussy-le-Vieux, S.-M...	30	N.-E.	de La Villette.
Moussy-le-Neuf, id.	30	N.	id.
Mortcerf, id.	42	E.	de Vincennes.
Mormant, id.	53	S.-E.	de Charenton.

N

Nainville, Seine-et-Oise...	40	S.	d'Italie.
Nandy, Seine-et-Marne...	34	S.-O.	de Charenton.
Nanterre, Seine.......	12	O.	de Neuilly.
Nantouillet, Seine-et-Marne.	32	N.-E	de Pantin.
Neaufle-le-Château. S.-O. .	32	O.	d'Auteuil.
Neaufle-le-Vieux. id.	35	O.	id.
Neufmontier, S.-M	40	E.	de Pantin.
Neufmontier, id.	36	E.	de Vincennes.
Neuilly-en-Thel, Oise...	40	N.	de La Chapelle.
Neuilly-sur-Marne, S.-O. .	15	E.	de Vincennes.
Nezel, id.	36	O.	de Neuilly.
Noiseau, id.	16	S.-E.	de Charenton.
Noisiel, Seine-et-Marne...	22	E.	de Vincennes.
Nogent-sur-Marne, Seine. .	11	E.	id.
Noisy-le-Sec, id.	9	N.-E	de Pantin.
Noisy-le-Grand, S.-et-O. .	17	E.	de Vincennes.
Noisy-le-Roy id.	20	O.	d'Auteuil.

NOMS DES COMMUNES.	DISTANCE en kilomètre		PORTES DE SORTIE.
Noisy-sur-Oise, Seine-et-O.	28	N.	de la Chapelle.
Norvilles, id.	30	S.	d'Italie.
Nosay, id.	24	S.	d'Orléans.
Napoléon-St-Leu, id.	25	N.-O.	de La Chapelle.
Nointel, id.	30	N.	id.
Nesles, id.	34	N.	id.

O

Ognon, Oise.	45	N.-E.	de la Villette.
Ognes, Oise.	44	N.-E.	id.
Oissery, Seine-et-Marne.	42	N.-E.	id.
Olainville, S.-et-O.	31	S.	d'Orléans.
Orgeval, id.	36	O.	de Neuilly.
Orly, Seine.	13	S.	d'Italie.
Ormesson, Seine-et-Oise.	16	S.-E.	de Charenton.
Ormoy, Seine-et-Oise.	32	S.	d'Italie.
Orsay, id.	25	S.-O.	d'Orléans.
Ory, Oise	32	N.	de La Chapelle.
Osmoy, Seine-et-Oise.	46	O.	de Saint-Cloud.
Osny, id.	32	N.-O.	de La Chapelle.
Othis, Seine-et-Marne.	35	N.-E.	de La Villette.
Ozouer-la-Ferrière, S.-M.	28	S.-E.	de Vincennes.
Ozouer-le-Voulgis, id.	40	S.-E.	de Charenton.
Orangis, Seine-et-Oise	23	S.	d'Italie.

P

Paray, Seine-et-Oise.	14	S.	d'Italie.
Palaiseau, id.	21	S.-O.	d'Orléans.
Panchard, Seine-et-Marne.	40	N.-E.	de Pantin.
Paray, Seine-et-Oise.	14	S.	d'Orléans.
Pecq, id.	20	O.	de Neuilly.
Pequeuse, id.	32	S.-O.	d'Orléans.
Perchay, id.	42	N.-O.	de La Chapelle.
Périgny, id.	24	S.-E.	de Charenton.
Perray-St-Pierre, S.-et-O.	28	S.	d'Italie.
Perray (le), id.	38	S.-O.	de Versailles.
Persan, id.	30	N.	de La Chapelle.
Pierrefitte, Seine.	12	N.	id.

NOMS DES COMMUNES.	DISTANCE en kilomètre.		PORTES DE SORTIE.
Perthes, Seine-et-Marne	44	S.	d'Italie.
Pierrelaye, Seine-et-Oise	24	N.-O.	de La Chapelle.
Pin, Seine-et-Marne	20	E.	de Pantin.
Piscop, Seine-et-Oise	18	N.	de La Chapelle.
Plailly, Oise	32	N.-E.	de Pantin.
Plaisir, Seine-et-Oise	26	O.	d'Auteuil.
Plassis-au-Bois, S. et-M.	34	N.-E.	de Pantin.
Plaisis-Bouchard, S.-et-O.	20	N.-O.	de la Chapelle.
Plessis-Cassot, id.	20	N.	id.
Plaissis-Luzarche, id.	26	N.	id.
Plaissis-Pâté, id.	26	S.	d'Italie.
Plessis-Piquet, Seine	13	S.-O.	de Châtillon.
Poigny, Seine-et-Oise	44	S.-O.	de Sèvres.
Poissy, id.	29	O.	de Neuilly.
Pomponne, Seine-et-Marne	26	E.	de Vincennes.
Pontarmé, Oise	36	N.	de La Villette.
Pontault, Seine-et-Marne	18	S.-E.	de Vincennes.
Pont-St-Maur, Seine	11	S.-E.	id.
Pontoise, Seine-et-Oise	32	N.-O.	de La Chapelle.
Port-Marly, id.	16	O.	de Neuilly.
Précy-sur-Oise, Oise	38	N.	de La Chapelle.
Précy, Seine-et-Marne	32	E.	de Pantin.
Pralin, id	44	S.-E.	de Charenton.
Presles, Seine-et-Oise	28	N.	de La Chapelle.
Presles-les-Tournans, Seine-et-Marne	30	S.-E.	de Vincennes.
Pringy, Seine-et-Marne	40	S.-E.	d'Italie.
Puiseux-en-France, S.-O.	24	N.	de La Chapelle.
Puiseux-en-Vexin, id.	35	N.-O.	id.
Puiseux-le-H.-Berger, Oise.	42	N.	id.
Puteaux, Seine	9	O.	de Neuilly.
Plessis-Levêque, S.-et-M.	34	N.-E.	de Pantin.
Plessis-Belleville, Oise	38	N.-O.	de La Villette.
Porefontaine, Seine-et-Oise champ de course	24	S.-O.	de Versailles.

Q

Queux-en-Brie, S.-et-O.	22	S.-E.	de Charenton.
Quincy, id.	23	S.-E.	id.
Quincy-Ségy, S.-et-M.	40	E.	de Vincennes.

R

NOMS DES COMMUNES	DISTANCES en kilomètr.	PORTES DE SORTIE
Rambouillet, Seine-et-Oise.	50 S.-O.	de Versailles.
Réau, Seine-et-Marne....	36 S.-E.	de Charenton.
Rennemoulin, Seine-et-Oise	22 O.	d'Auteuil.
Riz-Orengis, id.	24 S.	d'Italie.
Rochefort, id.	40 S.-O.	d'Orléans.
Roquancourt, id.	16 O.	d'Auteuil.
Roissy-en-France, id.	20 N.-E.	de la Villette.
Roissy-en-Brie, Seine-et-M.	22 E.	de Vincennes.
Rosny-sous-Bois, Seine..	12 E.	de Montreuil.
Ronquerolles, Seine-et-Oise	36 N.	de la Chapelle.
Rueil, id.	14 O.	de Neuilly.
Royomont, id.	34 N.	de la Chapelle.
Rubelles, Seine-et-Marne..	40 S.-E.	de Charenton.
Rouvres-s-Dammartin, S.-M.	34 N.-O.	de la Villette.
Rungis, Seine-et-Marne..	12 S.	d'Italie.

S

Saint-Chéron, Seine-et-O.	40 S.-O.	d'Orléans.
Saclay, id.	20 S.-O.	de Châtillon.
Sagy, id.	40 N.-O.	de la Chapelle.
Saint-Aubin, id.	23 S.-O.	d'Orléans.
Saint-Brice, id.	16 N.	de la Chapelle.
Saint Cloud, id.	11 O.	de Saint-Cloud.
Saint-Cyr, id.	23 O.	d'Auteuil.
St-Cyr-en-Hurep, id.	40 S.-O.	d'Orléans.
St-Denis-du-Port, S.-et-M.	26 E.	de Vincennes.
St-Fargeau, id.	36 S.	d'Italie.
Saint-Firmin, Seine-et-Oise.	40 N.	de la Chapelle.
Saint-Forget, id.	32 S.-O.	de Versailles.
St-Germain-de-la-Grange, Seine-et-Oise.......	30 O.	de Saint-Cloud.
St-Germain-en-Laye, S.-O.	24 O.	de Neuilly.
St-Germain-lès-Arpajon, id.	30 S.-O.	d'Orléans.
St-Germain-lès-Corbeil, id.	28 S.	d'Italie.
Saint-Germain-lès-Couilly, Seine-et-Marne.....	36 E.	de Vincennes.

NOMS DES COMMUNES.	DISTANCE en kilomètre		PORTES DE SORTIE.
St-Gratien, Seine-et-Oise	16	N.	de La Chapelle.
St-Jean-Beauregard, S.-O.	24	S.-O.	d'Orléans.
St-Lambert-des-Bois, id.	28	S.-O.	de Versailles.
St-Léonard, Oise	40	N.	de La Villette.
St-Leu-Desserant, Oise	40	N.	de La Chapelle.
St-Leu-Taverny, S.-O.	20	N.	de La Chapelle.
St-Mart, Seine-et-Marne	32	N.-E.	de Pantin.
St-Martin-du-Tertre, S.-O.	29	N.	de La Chapelle.
St-Martin-sur-Crécy, S.-M.	42	E.	de Vincennes.
St-Maur-les-Fossés, S.-O.	9	E.	id.
St-Maurice-Montcouronne, Seine-et-Oise	36	S.-O.	d'Orléans.
St-Mesme, Seine-et-Marne	28	N.-E.	de Pantin.
St-Michel-sur-Orge, S.-O.	26	S.	d'Orléans.
St-Nom-la-Brétèche, id.	24	O.	de Neuilly.
St-Ouen-l'Aumaune, id.	23	N.-O.	de La Chapelle.
Seine Port, Seine-et-Marne	36	S.	d'Italie.
St-Patus, id.	40	N.-E.	de La Villette.
St-Prix, Seine-et-Oise	20	N.	de La Ch...
St-Remy-les-Chevreuse, Seine-et-Oise	27	S.-O.	de Vers...
St-Remy-l'Honoré, S.-O.	32	O.	de Ch......on.
St-Sulpice-de-Favières, Seine-et-Oise	40	S.	d'Orléans.
St-Thibaut-des-Vignes, Seine-et-Marne	26	E.	de Vincennes.
S.-Vrain, Seine-et-Oise	40	S.	d'Orléans.
St-Vic, id.	30	N.-E.	de La Villette.
St-Yon, id.	36	S.	d'Orléans.
Ste-Geneviève-des-Bois, Seine-et-Oise	24	S.	d'Orléans.
Saintery, Seine-et-Oise	28	S.-E.	d'Italie.
St-Mesme, id	48	S.-O.	d'Orléans.
Sannois, Seine-et-Oise	18	N.-O.	de La Chapelle
Sarcelles, id.	16	N.	id.
Sartrouville, id.	16	N. O.	id.
Saulx-les-Chartreux, S.-O.	20	S.	d'Orléans.
Saulx Marchais, id.	38	O.	de Saint-Cloud.
Savigny-le-Temple, S.-M.	36	S. E.	de Charenton.
Savigny-sur-Orge, S.-et-O.	20	S.	d'Italie.
Sceaux, Seine	10	S.	d'Orléans.
Senlis, Oise	45	N.	de La Villette.

NOMS DES COMMUNES.	DISTANCE en kilomètre.		PORTES DE SORTIE.
Senlisse, Seine-et-Oise...	34	S.-O.	de Châtillon.
Senteny, id.	24	S.-E.	de Charenton.
Serincourt, id.	40	N.-O.	de Neuilly.
Serris, Seine-et-Marne...	30	E.	de Vincennes.
Servon, id.	24	S.-E.	de Charenton.
Segy, Seine-et-Oise, ...	28	N.	de La Chapelle.
Sevran, id.	16	N.-E.	de Pantin.
Sèvres, id.	12	S.-O.	de Sèvres.
Silly-le-Long, Oise.	40	N.-E.	de La Villette.
Signolles, Seine-et-Marne.	32	S.-E.	de Charenton.
Soisy-sous-Etioles, S.-O...	24	S.	id.
Soisy-sous-Montmoreny, Seine-et-Oise.	15	N.-O.	de la Chapelle.
Solers, Seine-et-Marne...	32	S.-E.	de Charenton.
Soully, id.	40	N.-E.	de Pantin.
Souzy-la-Briche, S.-et-O.	40	S.	d'Orléans.
Sucy, id.	16	S.-E.	de Charenton.
Survilliers, id.	28	N.-E.	de La Villette.
Stain, Seine.	14	N.	de La Chapelle.
Suresnes, id.	11	O.	de Neuilly.
Sussy-les-Yèbles, S.-et-M.	40	S.-E.	de Charenton.

T

Tessancourt, Seine-et-Oise.	36	N.-O.	de Neuilly.
Teuvilles, id.	40	N.-O.	de la Chapelle.
Théméricourt, id.	42	N.-O.	id.
Thiais, Seine.	12	S.	de Choisy.
Thiers, Oise.	36	N.	de La Villette.
Thieux, Seine-et-Marne.	28	N.-E.	de Pantin.
Thillay, Seine-et-Oise.	20	N.	de La Villette.
Thivernal, id.	28	O.	de Neuilly.
Thoiry, id.	44	O.	de St-Cloud.
Tigery, id.	24	S.	de Charenton.
Trappes, id.	30	O.	de St-Cloud.
Toussus, id.	23	S.-O.	de Sèvres.
Tremblay, id.	36	O.	de St-Cloud.
Triel, id.	35	N.-O.	de Neuilly.
Trous, id.	28	S.-O.	de Sèvres.
Tremblay, id.	22	N.-E.	de Pantin.
Tremblay, id.	36	O.	de St-Cloud.

NOMS DES COMMUNES	DISTANCE en kilomètre	PORTES DE SORTIE
Tournant, Seine-et-Marne.	32 S.-E.	de Vincennes.
Trilbardou, id.	36 E.	de Pantin.
Thorigny, id.	28 E.	de Vincennes.
Trilport, id.	44 E.	de Pantin.
Torcy, id.	24 E.	de Vincennes.
Torfou, Seine-et-Oise.	36 S.	d'Orléans.

V

NOMS DES COMMUNES	DISTANCE en kilomètre	PORTES DE SORTIE
Vaires, Seine-et-Marne.	22 E.	de Vincennes.
Valenton, id.	16 S.-E.	de Charenton.
Valengoujard, Seine-et-Oise.	40 N.-O.	de La Chapelle.
Valmondois, id.	32 N.	id.
Val-St-Germain, id.	40 S.-O.	d'Orléans.
Vaugrigneus, id.	32 S.-O.	id.
Vaucresson, id.	14 O.	de St-Cloud.
Vauhallant, id.	16 S.-O.	d'Orléans.
Vaujours, id.	19 N.-E.	de Pantin.
Vauderlant, id.	18 N.-E.	de La Villette.
Vanréal, id.	34 N.-O.	de La Chapelle.
Vaux, id.	36 N.-O.	de Neuilly.
Vélizy, id.	15 S.-O.	de Châtillon.
Vémars, id.	28 N.-E.	de La Villette.
Vert-le-Grand, id.	30 S.	d'Italie.
Vert-le-Petit, id.	32 S.	id.
Vert-St-Denis, S.-et-Marne.	36 S.-E.	de Charenton.
Verneuil, Seine-et-Oise.	32 N.-O.	de Neuilly.
Vernouillet, id.	30 N.-O.	id.
Verrière (la), id.	28 N.-O.	de Sèvres.
Verrière, id.	14 S.-O.	d'Orléans.
Versailles, ch.-l. id. 29,956	20 S.-O.	de St-Cloud.
Viarmes, id.	32 N.	de La Chapelle.
Vicq, id.	36 O.	de Saint-Cloud.
Vieille-Eglise, id.	40 S.-O.	de Sèvres.
Vigny, id.	42 N.-O.	de La Chapelle.
Vignely, Seine-et-Marne.	36 E.	de Pantin.
Vilebert, id.	42 S.-E.	de Vincennes.
Villabé, Seie-et-Oise.	32 S.	d'Italie.
Villaine-en-France, S.-O.	24 N.	de La Chapelle.
Villebon, id.	20 S.	d'Orléans.
Villeconin, id.	42 S.	d'Orléans.

NOMS DES COMMUNES	DISTANCE en kilomètre	PORTES DE SORTIE
Villecresne, Seine-et-Oise	21 S.-E.	de Charenton.
Ville-d'Avray, id.	16 O.	de Sèvres.
Ville-Dubois, id.	24 S.	d'Orléans.
Villejuif, id.	8 S.	d'Italie.
Villemomble, id.	12 E.	de Montreuil.
Villemoisson, S.-et-O.	24 S.	d'Orléans.
Villeneuve-le-Roy, S.-O.	15 S.	d'Italie.
Villeneuve-St-Georges, id.	18 S.-E.	de Charenton.
Villeneuve-le-Comte, Seine-et-Marne.	34 E.	de Vincennes.
Villeneuve-sous-Dammartin, Seine-et-Marne.	30 N.-E.	de La Villette.
Villeneuve-St-Martin, Seine-et-Oise.	36 N.	de La Chapelle.
Villennes-sous-Poissy, S.-et-Oise.	24 O.	de Neuilly.
Villenois, S.-et-M.	40 E.	de Pantin.
Villeparisis, id.	22 N.-E.	id.
Villeroy, id.	30 E.	id.
Villevaudé, id.	24 E.	de Vincennes.
Villepinte, Seine-et-Oise.	20 N.-E.	de Pantin.
Villepreux, id.	30 O.	de Neuilly.
Villeron, id.	26 N.-E.	de La Villette.
Villières-Adam, S.-et-Oise.	24 N.	de La Chapelle.
Villières-le-Bâcle, id.	20 S.-O.	de Châtillon.
Villière-sous-St-Leu, Oise.	40 N.	de La Chapelle.
Vigneux, Seine-et-Oise.	20 S.-E.	de Charenton.
Villetaneuse, Seine.	14 N.	de La Chapelle.
Villiers-le-Bel, S.-et-Oise.	19 N.	id.
Villière-sur-Marne, id.	16 E.	de Vincennes.
Villière-sur-Orge, id.	24 S.	d'Orléans.
Villière-Frédéric, id.	32 O.	de Neuilly.
Viroflay, id.	16 S.-O.	de Versailles.
Viry-Châtillon, id.	20 S.	d'Italie.
Voisin le Brétaneux, id.	24 S.-O.	de St-Cloud.
Vissous, id.	15 S.	d'Orléans.
Vitry-sur-Seine, Seine.	8 S.	de Choisy.
Voisemont, S.-et-Marne.	40 S.-E.	de Charenton.

Y

Yères, Seine-et-Oise.	22 S.-E.	de Charenton.

Paris. — Typ. Veuve Édouard Vert, rue Notre-Dame-de-Nazareth, 19

DIVISION DE PARIS EN 20 ARRONDISSEMENTS
Et 80 Quartiers.

Arrondissements Mairies Justices de Paix	Quartiers	Commissariats de Police
1er Louvre, Place du Louvre.	1 St-Germ. l'Auxerr. 2 Halles, 3 Palais-Royal, 4 Place Vendôme,	cour du Mai. rue Berger, 21. r de l'Évêque, 13. rue St-Honoré, 247.
2e Bourse, 8, rue de la Banque.	5 Gaillon, 6 Vivienne, 7 Mail, 8 Bonne-Nouvelle,	rue de Hanovre, 1. rue d'Amboise, 2. rue Montmartre, 142. r. de la Ville-neuve, 9.
3e Temple, rue des Archives	9 Arts-et-Métiers, 10 Enfants-Rouges, 11 Archives, 12 Sainte-Avoye,	r. Fontaine-du-Temp. 9. rue Béranger, 11. rue Turenne, 49. rue Beaubourg, 41.
4e Hôtel-de-Ville, r. du Marché Saint-Jean.	13 Saint-Merri, 14 Saint-Gervais, 15 Arsenal, 16 Notre-Dame,	r. de l'Homme-Armé, 7. r. Vieille-d.-Temp., 20 rue Jacques-Cœur, 18. Quai de Béthune, 34.
5e Panthéon, Place du Panthéon.	17 Saint-Victor, 18 Jardin-des-Plantes, 19 Val-de-Grâce, 20 Sorbonne,	rue Cuvier, 14. r. Geoffroy-S-Hilaire, 5. r. des Feuillantines, 78. rue des Noyers, 37.
6e Luxembourg, 78, r. Bonap. p. St-Sulpice.	21 Monnaie, 22 Odéon, 23 N.-D.-des-Champs, 24 St-Germ.-des-Prés,	rue Suger, 11. rue d'Assas, 53. rue de Vaugirard, 99. r. des Sts-Pères, 47.
7e Pal.-Bourbon, 116, r. Grenelle St-Germain.	25 St-Thomas-d'Aquin, 26 Invalides, 27 Ecole-Militaire, 28 Gros-Caillou,	rue de Varennes, 33. r. Grenelle-St-Germ, 148 rue Bertrand, 26. av. Labourdonnaye, 59
8e Elysée, 11, rue d'Anjou-St-Honoré.	29 Champs-Elysées, 30 Faubourg du Roule, 31 La Madeleine, 32 L'Europe,	Av. d'Antin, P.-de-l'Ind. r. des Ecur.-d'Artois, 31 rue d'Arstorg, 28. rue de Stockholm, 4.
9e Opéra, 6, rue Drouot.	33 Saint-Georges, 34 Chaussée-d'Antin. 35 Faub. Montmartre, 36 Rochechouart,	pass. Laferrière, 10. rue de Provence, 64. r. du F. Montmartre, 39. r. Bochard-de-Saron, 10

DIVISION DE PARIS EN 20 ARRONDISSEMENTS
Et 80 Quartiers.

Arrondissements Mairies Justices de Paix	Quartiers	Commissariats de Police
10e Enc.-St-Laur., 72, Faubourg-St-Martin.	37 St-Vincent-de-Paul, 38 Porte-Saint-Denis, 39 Porte-Saint-Martin, 40 Hôpital St-Louis,	rue Pardonnet, 14. r. du F.-St-Denis, 105 pass. du Désir, esc. D. rue Corbeau, 18.
11e Popincourt, Place du Prince-Eugène.	41 Folie-Méricourt, 42 Saint-Ambroise, 43 Roquette, 44 Sainte-Marguerite,	avenue Parmentier, 109 rue La Charrière, 7. rue de la Roquette, 93. r. des Boulets, 38.
12e Reuilly, r. du Comm. Bercy.	45 Bel-Air, 46 Picpus, 47 Bercy, 48 Quinze-Vingts,	rue Charrière, 7. a. Bel-Air du Trône, 30. r. Charolais, 2. boul. Mazas, 64.
13e Gobelins Pavillon de l'Octroi.	49 Salpêtrière, 50 Croule-Barbe, 51 La Gare, 52 Maison-Blanche,	r. Jeanne d'Arc, 60. boul. d'Italie, 41.
14e Observatoire, rue Boulard.	53 Montparnasse, 54 La Santé, 55 Petit-Montrouge, 56 Plaisance,	rue Delambre, 26. r. de la Tombe-Issoire 39 rue Lecourbe, 233. r. de la Sablière, 20.
15e Vaugirard Grande-Rue Vaugirard.	57 Saint-Lambert, 58 Javelle, 59 Necker, 60 Grenelle,	rue Blomet, 26. rue Barromé, 10. rue du Marché, 31.
16e Passy 67, Gde-Rue, à Passy.	61 Auteuil, 62 La Muette, 63 Porte-Dauphine, 64 Bassins,	rue Lafontaine, 20. rue Longchamps, 68.
17e Batignolles, 8, rue des Batignolles.	65 Les Ternes, 66 Plaine-Monceaux, 67 Batignolles, 68 Epinettes,	rue Laugier, 5. r. Brémontier, 1. rue Truffaut, 17. rue Gauthey, 34.
18e Butte Montmartre, p. d. Abbesses.	69 Grandes-Carrières, 70 Clignancourt, 71 Goutte-d'Or, 72 La Chapelle,	rue de Constance, 7. rue d'Orsel, 19. rue Ordener, 10. Pl. de la Chapelle, 16-18

DIVISION DE PARIS EN 20 ARRONDISSEMENTS
Et 80 Quartiers

Arrondissements Mairies Justices de Paix	Quartiers	Commissariats de Police
19° But.-Chaum., 160, r. de Crimée, La Villette	73 La Villette, 74 Pont-de-Flandre, 75 Amérique, 76 Combat,	rue Tanger, 22. rue Compans, 46. rue Réboval, 53.
20 Ménilmontant, rue de Belleville, 128.	77 Belleville, 78 Saint-Fargeau, 79 Père-Lachaise, 80 Charonne,	r. Julien-Lacroix, 68 rue Ménilmontant, 132. G.-Rue de Montreuil, 60.

BIBLIOTHÈQUES

Bibliothèque nationale, rue Richelieu, 58.
Bibliothèque Sainte-Geneviève, place du Panthéon.
Bibliothèque Mazarine, à l'Institut, quai Conti, 23.
Bibliothèque de l'Université de France, à la Sorbonne.
Bibliothèque de l'Arsenal, rue Sully, 1.
Bibliothèque de la ville de Paris, rue Amelot et rue Sévigné, ouverte au public de 10 heures à 3 heures.
Sainte-Geneviève, place du Panthéon, est en outre, ouverte de 6 heures à 10 heures du soir.
Palais et Musée de Versailles tous les jours, excepté le lundi, de 10 heures à 4 heures.
Manufacture de Sèvres les lundis, jeudis et samedis, de 11 heures à 4 heures.
Tous les jours, Jardin de Botanique, à l'École supérieure de pharmacie, rue de l'Arbalète, 21, est ouvert au public de midi à 4 heures.
L'Asile de Vincennes et l'Asile du Vésinet, mercredis, vendredis et samedis.

PARIS ADMINISTRATIF

GRANDS CORPS DE L'ÉTAT.

Corps Législatif, rue de l'Université, 124, et quai d'Orsay.
Conseil d'État, rue de Grenelle-Saint-Germain, 101.
Cour des Comptes, galerie Montpensier.
Légion d'Honneur, rue de Lille, 64 (Grande chancellerie).

MINISTÈRES.

(Chaque ministère donne audience de 10 h. à 4 heures.)

Affaires étrangères, quai d'Orsay et rue de l'Université, 130, de 11 heures à 4 heures, tous les jours.
Agriculture, Commerce et Travaux publics, rue Saint-Dominique-Saint-Germain, 62, ouvert de 2 h. à 4 heures.
Finances, aux Tuileries et au Palais de l'Industrie, de 10 h. à 4 heures.
Guerre, rue Saint-Dominique-Saint-Germain, 86, 88, 90.
Instruction publique, rue de Grenelle-Saint-Germain, 110, ouvert jeudi de 2 à 4 heures.
Intérieur, place Beauveau, faubourg Saint-Honoré, 96, bureaux rue Cambacérès, 7, ouvert jeudi de 2 heures à 4 heures.
Justice et Cultes, place Vendôme, 13, ouvert de 2 à 4 heures.
Marine et Colonies, rue Royale-Saint-Honoré, 2, ouvert jeudi, de 2 à 4 heures.
Préfecture de la Seine, palais du Luxembourg, ouvert de 11 h. à 3 heures.
Préfecture de Police, boulevard du Palais, 7, ouvert de 10 h. à 3 heures.
Tribunal de Commerce, boulevard du Palais.
Prud'hommes, boulevard du Palais, ouverts de 9 h. à 4 heures.

AMBASSADES ET LÉGATIONS

Angleterre, faubourg Saint-Honoré, 39.
Autriche et **Hongrie**, rue Las-Cazes, 7 et 9.
Allemagne, rue de Lille, 78.
Turquie, rue Laffitte, 17.
Belgique, faubourg Saint-Honoré, 153.
Brésil, rue du Colysée; ministre, r. de Téhéran, 13 et 17.
Consulat d'Autriche et Hongrie, rue Laffitte, 21.
Consulat général des États-Unis d'Amérique, rue Scribe, 3; ambassade, r. Chaillot, 95.
Chili, rue Monceau, 54.
Confédération argentine, rue de Berlin, 5.
Danemarck, rue de l'Université, 37.
Equateur, rue des Petites-Ecuries, 54.
Espagne, quai d'Orsay, 25; consulat r. de Ponthieu, 70.
États-Unis, rue Presbourg, 6; bureaux, rue de Chaillot, 95.
États-Romains, rue Saint-Dominique, 102.
Grèce, avenue Messine, 19.
Guatemala, rue Marignan, 16.
Haïti, rue de Portalès, 9.
Hesse-Grand-Ducale, rue de Lille, 78.
Honduras, avenue de l'Empereur, 88.
Hawaief, avenue de la Reine-Hortense, 13.
Italie, rue Saint-Dominique, 27.
Japon, avenue Joséphine, 26.
Mexique, rue Notre-Dame-de-Lorette, 10.
Nicaragua, rue Richelieu, 85.
Pays-Bas, avenue Bosquet, 2.
Pérou, rue de Monceaux, 56.
Portugal, avenue Friedland, 30.
Perse, avenue Joséphine, 65.
République dominicaine, faub. Poissonnière, 177.
République de l'Uruguay, rue Laffitte, 13.

Russie, rue de Grenelle-Saint-Germain, 79.
San-Salvador, boulevard Haussmann, 27.
Saxe-Cobourg-Gotha, rue de Lille, 98.
Suède & Norwège, rue de Rovigo, 22.
Monaco San Marin, avenue du Cours-la-Reine, 20.
Légation Suisse, rue Blanche, 3.
Venezuela-Caracas, rue du Colisée, 19.
Wurtemberg, rue de Lille, 78.
Nonce du Pape, rue St-Dominique St-Germain, 102.

ADMINISTRATIONS PUBLIQUES

Académie. — Cinq Académies : des Sciences, Belles-Lettres, Sciences morales et politiques, des Beaux-Arts, constitue l'Institut, dont le siége est au Palais de ce nom, quai Conti, 23. — Le lundi, à trois heures, séance publique.
Académie de Médecine, 39, rue des Saints-Pères. Mardi, jeudi, vendredi, on vaccine gratuitement.
Académie, à la Sorbonne, se compose de cinq Facultés : Droit, Sciences, Lettres, Médecine et Théologie.
Archevêché, rue de Grenelle-Saint-Germain, 127.
Archives Nationales, rue des Francs-Bourgeois, 60.
Arsenal, rue de l'Orme, près la Bastille.
Caisse de retraite, rue de Lille, 56.
Caisse d'Epargne, rue Coq-Héron, 9.
Contributions directes, rue Delphau, 15.
Contributions indirectes, rue Poultier, 9.
Comptoir d'escompte, rue Bergère, 14.
Crédit foncier, rue Neuve-des-Capucines, 19.
Crédit mobilier, place Vendôme, 15.
Conseil de guerre, rue du Cherche-Midi, 37.
Cultes, divisions, place Vendôme, 13.
Manufacture de tabacs, quai d'Orsay, 65.

Crédit Industriel et Commercial, rue de la Chaussée-d'Antin, 66. Bureau et Caisse, rue de la Victoire, 72.

Caisse d'amortissement de Dépôt et Consignation, rue de Lille, 56.

Enregistrement et Domaines, rue Castiglione, 3.

Nourrices (bureau de la direction) r. des Tournelles, 35.

Mont-de-Piété, chef-lieu, r. des Francs-Bourgeois, 55
Vingt bureaux auxiliaires dans Paris.

Hypothèques (Conservation des), rue de Paradis-Poissonnière, 40.

Cartes et Plans de la Marine et des Colonies, rue de l'Université, 15.

Caisse des Travaux de Paris, Hôtel-de-Ville.

Entrepôts et Magasins généraux. Siége social, rue de l'Entrepôt, 16.

Entrepôt des sucres indigènes, rue de Flandres, 181.

Entrepôt de sel, quai Jemmapes, 210.

Entrepôt des vins, quai Saint-Bernard et rue Basse-St-Bernard. Mag. gén. q. de Bercy-Prolongé (Charenton)

Halle aux Cuirs, rue Santeuil.

Halle aux Blés, rue de Viarmes.

Messageries nationales, r. Not.-D.-des-Victoires, 28.

Marché aux Chevaux, boulevard Montrouge et boulevard d'Enfer.

Société anonyme, rue Ménars, 4.

Observatoire, rue Cassini, Bureau des longitudes.

Ecole de Pharmacie, rue de l'Arbalète, 21.

Ecole d'accouchement, rue de Port-Royal, 5.

LYCÉES

Lycée Louis-le Grand, rue Saint-Jacques, 123.
  Id. **Bonaparte**, rue Caumartin, 65.
  Id. **Napoléon**, rue Clovis, 23.
  Id. **Saint-Louis**, boulevard Saint-Michel.
  Id. **Sainte-Barbe**, place du Panthéon.
  Id. **Condorcet**, rue du Havre.
Collége Arménien, rue Monsieur, 12.

Lycée Charlemagne, rue Saint-Antoine, 120.
Id.   **Stanislas**, rue Notre-Dame-des-Champs, 23.
Id.   **Rollin**, rue de Lhomon, anc⁰ r. des Postes.
Id.   **Chaptal**, rue Blanche, 27.
Ecole Turgot, rue de Turbigo.
Id.   **Normale**, rue d'Ulm, 45.
Id.   **des Chartres**, rue des Francs-Bourgeois, 58.
Id.   **des Beaux-Arts**, rue Bonaparte, 14.
Lycée national de France, place Cambrai, 1.
Ecole polytechnique, rue Descartes, 1 et 21.
Ecole des Mines, boulevard Saint-Michel.
Ecole centrale, Arts et Manufactures, rue de Thorigny, 1.
Ecole centrale d'Architecture, rue d'Enfer, 50.
Ecole militaire, joignant le Champ-de-Mars.
Ecole de droit, place du Panthéon.
Ecole centrale des Arts et Manufactures, rue des Coutures-Saint-Gervais.

HOPITAUX ET HOSPICES CIVILS

Bicêtre, près Gentilly, Hospice de la Vieillesse (hommes).
Beaujon, faubourg Saint-Honoré, 200.
Cochin, faubourg Saint-Jacques, 47.
Clinique, place de l'Ecole de Médecine.
Hôtel-Dieu, parvis Notre-Dame. Consultations de 8 à 9 h.
La Salpétrière, boulev. de l'Hôpital. Hospice de la vieillesse (femmes).
La Pitié, rue Lacépède, 1.
La Charité, rue Jacob, 47.
Lariboissière, rue Ambroise-Paré.
Lourcine, rue de Lourcine, 111. Consult. les jeudis et samedis, de 8 à 9 heures.
Enfants-Malades, rue de Sèvres, 149.
Enfants-Trouvés et Orphelins, rue d'Enfer, 100.
Midi (vénériens), rue des Capucins, 15.
Asile Sainte-Anne (aliénés), rue Féru.

Maison de Santé, faubourg Saint-Denis, 200.
Ménages, à Issy. Entrée tous les jours.
Necker, rue de Sèvres, 151.
Orphelines, rue Saint-Antoine, 124.
Orphelines de la Légion-d'Honneur, rue Barbette, 2.
Incurables (femmes), rue de Sèvres, 4.
Incurables (hommes), rue Popincourt, 66.
Sainte-Eugénie, rue de Charenton, 89.
Saint-Antoine, faub. Saint-Antoine, 184.
Saint-Louis, rue Bichat, 25. Consult. tous les jours.
Saint-Merri, cloître Saint-Merri, 14.
Sainte-Périne, rue Jouvenet, à Auteuil. Pensionnaires. Visible tous les jours.
Dans tous les hôpitaux, il y a des consultations gratuites de 8 à 9 heures du matin, tous les jours.
Sourds-Muets, rue Saint-Jacques, 256.
Quinze-Vingts, rue de Charenton, 28.
Jeunes-Aveugles, boulevard des Invalides, 32. Entrée jeudi et dimanche, de midi à 4 heures.

HOPITAUX MILITAIRES

Saint-Martin, rue des Récollets, 8; visible le jeudi et le dimanche, de midi à 4 h.
Val-de-Grâce, rue Saint-Jacques, 277.
Gros-Caillou, rue Saint-Dominique-Saint-Germain, 188. Entrée publique, les dimanche et jeudi, de midi à 4 h.

PRISONS

Madelonnettes, rue de la Santé, 1.
Mazas, boulevard Mazas, 2.
Maison d'arrêt pour la troupe, rue du Cherche-Midi, 38.
Conciergerie, quai de l'Horloge.
La Roquette, rue de La Roquette, 168.
Jeunes détenus, rue de la Roquette, 143.
Sainte-Pélagie, rue du Puits-de-l'Ermite, 12.
Saint-Lazare (prison de femmes), faubourg St-Denis, 107.

CIMETIÈRES

Pompes funèbres, rue d'Aubervilliers, 104.
Père-Lachaise, boulevard Ménilmontant, 2.
Montmartre, boulevard Clichy.
Montparnasse, boulevard Montrouge.
Picpus, rue Picpus. Il n'est pas public.
Ivry, en face Bicêtre.

COMMUNAUTÉS RELIGIEUSES

Les Dames de la Visitation, rue de Vaugirard, 140, et rue d'Enfer, 98.
Les Dames Saint-Thomas-de-Villeneuve, r. de Sèvres, 27.
Les Dames de la Congrégation du Sacré-Cœur, rue de Varennes, 77.
Les Dames de la Retraite, rue du Regard, 15.
Notre-Dame de l'Abbaye au Bois, rue de Sèvres, 16.
Les Filles de Charité, rue Saint-Guillaume, 18; rue Pontier, 6; rue de Varennes, 16.
Les Dames du Saint-Cœur-de-Marie, rue de la Santé, 29.
Les Dames Dominicaines de la Croix, r. de Charonne, 86.
Les Sœurs des Ecoles chrétiennes, rue N.-D.-Champs, 42.
Les Sœurs de Saint-Joseph de Cluny, rue du Faubourg-Saint-Jacques, 57.
Les Sœurs de Sainte-Marie, rue Carnot, 8.
Les Dames de Saint-Maure, rue des Missions, 10.
Les Dames Saint-Michel, rue Saint-Jacques, 193.
Les Dames de la Miséricorde, rue Nve-Ste-Geneviève, 39.
Les Petites Sœurs des Pauvres, rue Beauveau, 10; rue Saint-Jacques, 277; rue du Regard, 16, et impasse St-Dominique, 7.

Les Religieuses de Jésus-Christ, r. Neuve-St-Etienne, 18.
Les Dames de l'Adoration, rue Picpus, 15.
Les Dames de l'Adoration réparatrice, r. des Ursulines, 12.
Les Sœurs de Saint-André, rue de Sèvres, 90.
Les Dames de l'Assomption, rue Chaillot, 94.
Les Bénédictines de l'Adoration perpétuelle du Saint-Sacrement, rue Tournefort, 12.
Les Sœurs de Bon-Secours, rue N.-D.-des-Champs, 20.
Les Dames Carmélites, rue d'Enfer, 67, avenue de Saxe, 24, et rue de Messine, 5.
Les Sœurs de la Charité, rue du Bac, 140.

HOMMES

Les Frères de l'Oratoire, rue du Regard, 11.
Les Révérends Pères Capucins, r. du Faub.-St-Jacques, 17.
Les Frères de Saint-Jean-Dieu, rue Oudinot, 19.
Les Frères Jésuites, rue de Lhomon, 18.
Les Lazaristes, rue de Sèvres, 95.
Les Pères Maristes, rue Montparnasse, 5.

NOMS DES PAROISSES ET ÉGLISES CATHOLIQUES

	Arrondiss.
Ambroise (Saint), rue Saint-Ambroise, 52.	11^e
André (Saint), Saint-André, cité d'Antin, 29.	9^e
Annonciation de Passy, rue de l'Eglise.	16^e
Antoine (Saint), rue de Charenton, 26.	12^e
Augustin (Saint), boulevard Malesherbes.	13^e
Bernard (Saint), de La Chapelle, rue Affre.	18^e
Clotilde (Sainte), place Bellechasse.	7^e
Denis-du-St-Sacrement (Saint), rue de Turenne, 50.	3^e

	Arrondts.
Elisabeth (Sainte), rue du Temple, 193.	3e
Eloi (Saint), rue de Reuilly, 34.	12e
Etienne-du-Mont (Saint), place du Panthéon.	5e
Eugène (Saint), rue Sainte-Cécile.	9e
Eustache (Saint), rue du Jour.	1er
Ferdinand (Saint) des Ternes, r. Saint-Ferdinand.	17e
François-Xavier (Saint), des Missions Etrangères, rue du Bac, 128.	7e
Germain-l'Auxerrois (Saint), place Saint-Germain-l'Auxerrois.	1er
Germain-de-Charonne (Saint), place de l'Eglise.	20e
Germain-des-Prés (Saint), place St-Germain-des-Prés.	6e
Gervais (Saint), place Lobau.	4e
Honoré (Saint), place d'Eylau.	16e
Jacques-du-Haut-Pas (Saint), rue St-Jacques, 252.	5e
Jacques et Saint-Christophe (Saint) de la Villette, place de l'Hôtel-de-Ville.	19e
Jean-Baptiste (Saint) de Belleville, rue de Paris.	19e
Jean-Baptiste (St) de Grenelle, r. des Entrepreneurs.	15e
Jean-Saint-François (Saint), rue Charlot, 6.	3e
Joseph (Saint), rue Saint-Maur, 10.	11e
Lambert (Saint) de Vaugirard, place de l'Eglise.	15e
Laurent (Saint), place de la Fidélité.	10e
Leu (Saint), rue Saint-Denis, 182.	1er
Louis-d'Antin (Saint), rue Caumartin, 63.	9e
Louis-en-l'Ile (Saint), rue Saint-Louis, 21.	4e
Louis-des-Invalides (Saint), hôtel des Invalides.	7e
Madeleine (Sainte), place de la Madeleine.	8e
Marcel (Saint), boulevard de l'Hôpital.	13e
Marcel de la Maison-Blanche (Saint), r. d'Italie.	13e
Marguerite (Sainte), rue St-Bernard, 36.	11e
Marie des Batignolles (Sainte), rue de l'Eglise.	17e
Martin (Saint), rue des Marais, 38.	10e
Médard (Saint), rue Mouffetard, 141.	5e

	Arrondiss
Merri (Saint), rue Saint-Martin, 78.	4e
Michel des Batignolles (Saint), route de St-Ouen.	17e
Nicolas-des-Champs (Saint), rue Saint-Martin, 270.	3e
Nicolas-du-Chardonnet (Saint), rue St-Victor, 102.	5e
Notre-Dame, place du Parvis-Notre-Dame.	4e
Notre-Dame d'Auteuil, place d'Aguesseau.	16e
Notre-Dame-de-Bercy, place de la Mairie.	12e
N.-D.-des-Blancs-Manteaux, r. des Bl.-Manteaux, 12.	4e
N.-Dame-de-Bonne-Nouvelle, rue Beauregard, 21.	2e
Notre-Dame-des-Champs, rue de Rennes.	6e
N.-D.-de-Clignancourt, rue Ordener.	18e
N.-D.-de-la-Croix-de-Ménilmontant, r. de la Mare.	20e
Notre-Dame-de-la-Gare, place Jeanne-d'Arc.	13e
Notre-Dame-de-Lorette, rue Châteaudun.	9e
Notre-Dame-de-Plaisance, rue Saint-Médard, 9.	14e
Notre-Dame-des-Victoires, place des Petits-Pères.	2e
Paul (Saint), Louis (Saint), rue Saint-Antoine, 120.	4e
Philippe-du-Roule (Saint), faubourg St-Honoré, 152.	8e
Pierre-de-Chaillot (Saint), rue Chaillot, 50.	16e
Pierre-du-Gros-Caillou (St), r. St-Dominique, 168.	7e
Pierre-de-Montmartre (Saint), rue Saint-Denis.	18e
Pierre-du-Petit-Montrouge (Saint), rue Thibeaud.	14e
Roch (Saint) rue Saint-Honoré, 296.	1er
Séverin (Saint), rue Saint-Séverin, 5.	5e
Sulpice (Saint), place Saint-Sulpice.	6e
Thomas-d'Aquin (Saint), place St-Thomas-d'Aquin.	7e
Trinité (la Sainte), rue Saint-Lazare.	9e
Vincent-de-Paul (Saint), place Lafayette.	10e

ÉGLISES NON PAROISSIALES

Eglise Sainte-Geneviève, place du Panthéon.
Sainte-Chapelle, au Palais de Justice.
La Sorbonne, place de la Sorbonne.

Les Carmes, rue de Vaugirard, 70.
Le Val-de-Grâce, rue Saint-Jacques, 377.
La Chapelle expiatoire, rue d'Anjou-Saint-Honoré, 64.

CULTES DIVERS

Eglise épiscopale, rue d'Aguesseau, 5.
La Chapelle-Marbeuf, rue de Chaillot, 78.
La Chapelle de la Madeleine, rue Boissy-d'Anglas.
Culte calviniste, l'Oratoire, rue Saint-Honoré, 147.
La Visitation, rue Saint-Antoine, 216.
Le Temple de Pantemont, r. de Grenelle-St-Germain, 106.
Culte israélite, Synagogues, rue Notre-Dame-de-Nazareth, 19, et rue Lamartine, 25.
Eglise protestante, rue des Billettes, 18.
Culte luthérien, Eglise de la Rédemption, r. Chauchat, 6.
Et les Eglises r. de Provence, 54, et r. Châteaubriand, 7.
Eglise russe, rue de la Croix-du-Roule.
Eglise américaine, rue de Berry. — Eglise grecque, même rue, 12.
Eglise méthodique évangélique, rue Roquepine, 4.

Défilé des Théâtres, Bals et Concerts.

THÉATRES

Académie de Musique, place de l'Opéra, boul. Capucines.
Avenue des Champs-Elysées, théâtres, concerts.
Ambigu-Comique, boulevard Saint-Martin, 2.
Bouffes-Parisiens, passage Choiseul, 5.
Belleville, place du Théâtre.
Batignolles, boulevard des Batignolles, 78
Cirque d'été, aux Champs-Elysées.
Cirque d'hiver, boul. des Filles-du-Calvaire.
Théâtre du Château-d'Eau, rue de Malte, 3.
Cleverman, boulevard des Italiens, 6.
Porte Saint-Martin, boulevard St-Martin.
Renaissance, boulevard St-Martin.

Châtelet, place du Châtelet.
Déjazet, boulevard du Temple, 41.
Fantaisies-Parisiennes, boulevard des Italiens, 26.
Folies-Marigny, Champs-Elysées.
Français, rue Richelieu, 6.
Folies-Dramatiques, rue de Bondy, 40.
Funambules, boulevard de Strasbourg, 17.
Gymnase, boulevard Bonne-Nouvelle, 38.
Grenelle, rue Croix-de Nivert, 49.
Gaîté, rue Papin.
Grand-Opéra nouveau, rue Auber.
Hippodrôme, avenue de Saint-Cloud.
Italiens, rue Méhul et rue Monsigny.
Lyrique, place du Châtelet.
Lafayette, angle de la rue Lafayette et faub. St-Martin.
Montparnasse, rue de la Gaîeté (Montrouge).
Marionnettes-Lyriques, boul. de Strasbourg, 17.
Variétés, boulevard Montmartre, 7.
Vaudeville, boul. des Capucines.
Palais-Royal, rue Montpensier, 40.
Menus-Plaisirs, boulevard de Strasbourg, 12.
Montmartre, place du Théâtre.
Nouveautés, faub. St-Martin, 90.
Salle Ventadour, rue Méhul et rue Monsigny
Opéra-Comique, place Boïeldieu et rue Favart, 7.
Odéon, place de l'Odéon.
Robert-Houdin, boul. des Italiens, 6.
Petit-Théâtre, boul. Richard-Lenoir.
Athénée-Comique, rue Scribe, 17.
Cluny, boul. Saint-Germain, 71.
Saint-Marcel, avenue des Gobelins, 309.
Séraphin, passage Jouffroy.
Saint-Pierre, passage St-Pierre-Popincourt.
Ecole des Jeunes artistes, rue de La Tour-d'Auvergne, 22.

CONCERTS

Salle Valentino, rue Saint-Honoré, 359.
Mabille, avenue Montaigne, 95. On y a réuni le Château des Fleurs.
Prado, jardin Bullier, carrefour de l'Observatoire.
Salle d'Aligre, rue Saint-Honoré, 123.
Salon de Mars, rue du Bac, 85.
Salle Molière, passage Molière, rue St-Martin, 159.
Concert de l'Eldorado, boul. de Strasbourg, 4.
Concert de l'Alcazar, boul. Poissonnière, 10.
Concert des Beaux-Arts, boul. des Italiens, 26.
Pilodo, rue de la Douane, 16.
Ermitage, boul. des Martyrs, 2.
Casino français, galerie Montpensier, Palais-Royal, 18.
Ba-ta-Clan, boul. Voltaire.
Casino, rue Cadet, 16.

OMNIBUS

Le prix des places est fixé à 30 centimes par personne pour les places d'intérieur, et 15 centimes pour les places d'extérieur. En payant sa place, réclamer un bulletin de correspondance. Omnibus sur rails (voie ferrée) de la place de la Concorde quai du Louvre, au Rond-Point, Boulogne, Saint-Cloud et Sèvres.

TABLEAU
DES 32 LIGNES DU NOUVEAU RÉSEAU DES OMNIBUS

A   d'Auteuil au Palais-Royal.
B   du Trocadéro à la Gare de l'Est.
C   de l'Hotel-de-Ville à la Porte Maillot.
D   des Ternes au boulevard des Filles-du-Calvaire.
E   de la Madeleine à la Bastille.
F   de Batignolles-Monceau à la Bastille.
G   de Batignolles au Jardin des Plantes.
H   de Batignolles-Clichy à l'Odéon.
I   de la Place Pigalle à la Halle aux Vins.

J *de* Rochechouart *à la* Glacière.
K *de* La Chapelle *au* Collége de France.
L *de* La Villette *à la* Place Saint-Sulpice.
M *de* Belleville *aux* Ternes.
N *de* Belleville *au* Louvre.
O *de* Ménilmontant *à la* Chaussée du Maine.
P *de* Charonne *à la* Place d'Italie.
R *Ex-barrière de* Charenton *au* Roule.
S *de* Bercy *au* Louvre.
T *de la* Gare d'Ivry *au* Square Montholon.
U *de* Bicêtre *à la* Pointe Saint-Eustache.
V *de la* Place du Maine *au* Chemin de Fer du Nord.
X *de* Vaugirard *à la* Place du Havre.
Y *de* Grenelle *à la* Porte Saint-Martin.
Z *de* Grenelle *à la* Bastille.
AB *de* Passy *à la* Place de la Bourse.
AC *de la* Petite Villette *aux* Champs-Élysées.
AD *du* Chateau-d'Eau *au* Pont de l'Alma.
AE *de la* Banque de France *au* Cours de Vincennes.
AF *du* Panthéon *à la* Place Courcelles.
AG *de* Montrouge *au* Chemin de Fer de l'Est.
AH *de* Montmartre *à la* Bastille.
Omn. sur **rails** (voie ferrée), pl. du Louvre à Versailles.
— — — St-Cloud.
— — Av. Victoria à Porte Maillot

Tramways de l'Etoile à La Villette. — de St-Augustin à Levallois-Perret. — du Louvre à Vincennes, passant par le quai, l'Hôtel-de-Ville, les rues de Rivoli, Saint-Antoine, la pl. du Trône et l'avenue de Vincennes.

Passage Dauphine, 16, voitures pour Montrouge, Arcueil, Bagneux, Bourg-la-Reine et Sceaux.

Correspondances pour Antony, Berny, Vuissons et Massy. Plusieurs départs par jour.

Rue Saint-Paul, 40, voiture pour Montreuil, de 7 heures du matin à minuit, toutes les heures.

Les Montrougiennes, r. Grenelle-St-Honoré, 45.
Voitures pour Montrouge, Châtillon, Bagneux, Fontenay.
Voitures pour Rueil, Nanterre et Neuilly. Pour Montrouge, Châtillon et Bagneux, cloître Saint-Honoré, 8.
Voitures pour Ivry, Choisy-le-Roi et Thiais, rue des Bourdonnais. Pour Le Vallois, Champerret, les Ternes, rue du Bouloi, 24.
Voitures pour Ecouen, Villiers-le-Bel, Sarcelles, Pierrefitte, Gonnesse, Garches, Ermenonville, Stains, Saint-Denis, rue d'Enghien, 4.
Voitures pour le Pré-Saint-Gervais et Pantin, rue Jean-Jacques-Rousseau, Hôtel-des-Fermes, près le Louvre.
Bateaux à vapeur, du quai des Tuileries et du quai d'Orsay. Service les dimanches et fêtes, de Paris à Boulogne et Saint-Cloud.
Bateaux omnibus. Service de la Seine, dans Paris, depuis le pont National jusqu'au viaduc d'Auteuil, suivant les ponts de Bercy, d'Austerlitz, de la Tournelle, de l'Hôtel-de-Ville, du Châtelet, des Sts-Pères, du pont Royal, du pont de la Concorde, d'Iéna et de Grenelle.

VOITURES DE GRANDE REMISE

Il existe plusieurs établissements de grande remise où l'on trouve des coupés, des calèches et des chevaux à la journée, à la semaine et au mois. Les prix se débattent de gré à gré.

Voici l'adresse des principaux établissements. Compagnie Parisienne : siége social, rue de l'Université, 153.

Principales stations. rue Boissy-d'Anglas, rue de Ponthieu, 55, rue Neuve-St-Augustin, 22, rue d'Astorg, 11, rue de Grenelle-Saint-Germain, 48.

Brion, rue Basse-du-Rempart, 48.
Daux-Bryard, rue d'Aguesseau, 8.
Glade, rue des Petites-Ecuries, 17.
Paulut, rue Dugay-Trouin, 6 et 8.
Guyot et Brandin, rue Boissy-d'Anglas, 85.
Auquet, rue Saint-Lazare, 95.
Rivière, avenue Marbœuf, 10 ter.
Roden, boulevard de Grenelle, 79, Vaugirard.

DISPOSITIONS RÉGLEMENTAIRES

1. — Les cochers sont tenus de se rendre au domicile du voyageur pour y charger. Lorsque le temps employé pour leur déplacement et l'attente du voyageur excède 15 minutes, le tarif à l'heure est appliqué à partir du moment où la voiture aura été louée.

2. — Lorsqu'un cocher s'est rendu à domicile et n'est pas employé, il lui est payé la moitié du prix d'une course ordinaire, si le temps employé pour le déplacement et l'attente ne dépasse pas un quart d'heure, et le prix entier d'une course, si le temps excède un quart d'heure.

3. — Les cochers loués à la course ont le droit de suivre la voie la plus courte ou la plus facile ; ils ne peuvent prétendre qu'au prix de la course lorsque, sans s'écarter de l'itinéraire, ils sont requis de déposer, pendant le trajet, un ou plusieurs voyageurs. Ils ont droit au prix de l'heure, lorsque ayant été loués pour une course, ils sont requis de changer l'itinéraire le plus direct pour se rendre à destination, ou lorsque les voyageurs font décharger des colis placés à l'extérieur de la voiture.

4. — Les cochers loués à l'heure doivent suivre l'itinéraire indiqué par le voyageur.

5. — Les cochers loués à la course et les cochers loués à l'heure (sauf les cas où ces derniers sont requis par les voyageurs d'aller au pas) doivent faire marcher les chevaux de manière à parcourir 8 kilomètres à l'heure pour les voitures de place, et 10 kilomètres pour les voitures de remises.

6. — La première heure est due intégralement, lors même qu'elle ne serait pas entièrement écoulée. Le temps excédant la première heure est payé proportionnellement à sa durée.

7. — Les cochers pris à la course ou à l'heure, avant

minuit 30 minutes, qui arrivent à destination après cette heure, n'ont droit qu'au prix fixé pour le jour, pour la course ou pour la première heure.

Les cochers pris à la course ou à l'heure, avant 6 heures du matin, en été, et 7 heures, en hiver, ont droit au tarif de 8, pour la course de la première heure, quand bien même ils arriveraient à destination après ces heures.

8. — De 6 heures du matin à 10 heures du soir, en hiver, et minuit en été, les cochers ne seront tenus de franchir les fortifications, pour conduire les voyageurs dans les bois de Boulogne et de Vincennes ou dans les communes contiguës à Paris qu'autant qu'ils auront été pris à l'heure.

Ils ne seront tenus de franchir les fortifications après 10 heures du soir, en hiver, et minuit en été, ni de conduire en aucun temps des voyageurs dans les communes dont le territoire n'est pas contigu à Paris.

Le transport dans ces communes, de même que le transport dans les autres, après 10 heures du soir, en hiver et minuit en été, est réglé de gré à gré.

Les communes dont le territoire est contigu à Paris sont : *Charenton,* le *Pré-Saint-Gervais, Saint-Mandé, Montreuil, Bagnolet, Romainville, Pantin, Aubervilliers, Saint-Ouen, Saint-Denis, Clichy, Neuilly, Boulogne, Issy, Vanves, Montrouge, Arcueil, Gentilly, Ivry* et *Vincennes.*

Tout cocher qui sera pris avant 10 heures du soir, en hiver, et minuit, en été, pour se rendre, soit dans les bois de Vincennes ou de Boulogne, soit dans les communes dont le territoire est contigu à Paris, ne pourra exiger, lors même qu'il arriverait à destination après 10 heures ou minuit, suivant la saison, un salaire plus élevé que celui qui résulte du tarif de jour.

9. — Lorsque les chevaux ont été employés par le même voyageur à l'extérieur pendant 2 heures, sans aucun retard

le cocher peut les faire reposer pendant 20 minutes. Ce temps de repos est à la charge du voyageur.

10. — Lorsqu'un cocher est loué en dehors des fortifications, à destination de Paris, il n'a droit qu'aux prix du tarif de l'heure applicable aux voitures ramenées par les occupants de l'extérieur à l'intérieur de Paris.

11. — Lorsqu'un cocher est loué à l'intérieur de Paris, pour conduire directement dans l'une des communes dont le territoire est contigu aux fortifications, le tarif de l'extérieur lui est dû à partir de la location.

Lorsqu'un voyageur, après avoir employé une voiture à l'heure ou à la course dans l'intérieur de Paris, se fait conduire hors des fortifications, le temps employé dans Paris lui est compté suivant le tarif de l'intérieur; le temps employé au delà des fortifications est payé suivant le tarif de l'extérieur.

12. — Tous les colis que le voyageur fait placer sur l'impériale des voitures ou le siége du cocher, quels que soient leur nature ou leur volume, seront assujettis à la taxe fixée ci-dessus.

Les cochers sont tenus d'en effectuer le chargement et le déchargement.

Ne sont pas regardés comme colis, et doivent dès-lors être transportés gratuitement, les cartons, sacs de voyage, valises, parapluies, cannes, épées, et généralement tous les objets que le voyageur peut porter à la main ou tenir, dans l'intérieur de la voiture sans la détériorer.

13. — Les droits de péage pour le passage des ponts ou bacs ne seront à la charge des voyageurs que lorsque ceux-ci auront demandé à y passer.

14. — Dans aucun cas, les cochers ne pourront exiger le pourboire.

STATIONS DES VOITURES DE PLACE

LEURS RÉSERVES ET AVANCAGES PAR ORDRE ALPHABÉTIQUE.

Numéros des Stations	Arrondissements			Nombre des Voitures
26	4e	Rue Saint-	Antoine et pl. Birague.	14
		R. du Roi de Sicile	Réserve..........	10
46	6e	Rue d'	Assas..........	14
		Rue Saint-	Placide, avançage...	6
60	8e	Avenue d'	Antin...........	50
		Avenue	Montaigne, avançage.	12
95	11e	Avenue des	Amandiers.......	18
	3e	Boul. du Temple	Théâtre-Déjazet, avançage.........	7
98	11e	Rue du Fg-St-	Antoine.........	12
108	13e	Quai d'	Austerlitz........	12
141	18e	Rue des	Abbesses, à Montmartre	7
147	19e	Rue d'	Allemagne.......	8
		Rue de	Thionville. Réserve..	10
150	19e	Rue d'	Allemagne.......	25
167	11e	Rue d'	Angoulême	10

B

15	2e	Place de la	Bourse..........	15
		Pl. de la Bourse et rue des	Filles-Saint-Thomas. 1re Réserve.....	15
		Rue	Montmartre, 2e Réserve	5
18	2e	Boulevard	Bonne-Nouvelle....	15
	10e	Boulevard	Bonne-Nouvelle, avançage.........	4
		Boul.	Bonne-Nouvelle, rés..	10
104	3e	Boulevard	Beaumarchais.....	16
		Boulevard	Richard-Lenoir. Réser.	20

Numéros des Stations	Arrondissements	Emplacements des Voitures		Nombre des Voitures
21	3e	Rue de	Bretagne............	20
		Rue de la	Rotonde. Réserve...	15
55	7e	Avenue	Bosquet............	22
		Avenue	Duquesne. Réserve..	25
145	4e	Place	Baudoyer............	9
		Rue	François-Miron. Réserve	5
63	9e	Boulevard des	Batignolles........	63
72	9e	Place	Bréda............	10
		Avenue	Trudaine. Réserve...	20
87	10e	Rue	Bichat............	22
		Rue	Alibert. Réserve....	16
90	20e	Boulevard de	Belleville (anc. barrière de Belleville)....	40
96	11e	Boulevard	Beaumarchais.......	28
130	16e	Rue	Benjamin Delessert..	24
131	16e	Avenue	Bugeaud..........	20
134	16e	Rue de	Boulainvilliers.....	15
140	8e	Boulevard des	Batignolles (près la rue Levis).........	40
		B. Malesherbes	Parc Monceaux. Réserve..........	10
155	20e	Rue de	Bagnolet (à Charonne).	12
157	19e	Square des	Buttes-Chaumont, rue de Mexico......	26

C

12	2e	Boulevard des	Capucines........	24
		Boulevard des	Capucines. 1re réserve	7
		Rue	Scribe. 2e réserve...	12
17	2e	Place du	Caire............	4
		Rue du	Caire. Réserve.....	2

Numéros des Stations	Arrondissements	Emplacement des Voitures		Nombre des Voitures
25	4e	Quai des	Célestins.	40
27	4e	Avenue	Constantine	14
41	6e	Quai	Conti.	36
		Rue	Mazarine, avançage	4
57	8e	Avenue des	Champs-Élysées. Barr. de l'Étoile.	31
		Avenue de l'	Alma. Réserve.	29
58	8e	Boulevard de	Courcelles.	50
		Avenue de la	Reine-Hortense.	10
69	8e	Place de la	Concorde	39
		R. Royale-St-H.	Ministère de la marine Avançage.	10
73	9e	Rue de	Châteaudun.	11
		Rue de	Châteaudun. Réserve	6
79	9e	Boulevard de	Clichy.	30
83	10e	Boulevard de la	Chapelle (angle du Faubourg Saint-Denis).	83
		Église Saint-	Bernard, avançage	10
97	12e	Boulevard	Contrescarpe	60
	4e	Boulevard	Beaumarchais (1er avançage	17
	11e	Boulevard	Richard-Lenoir (2e avançage)	8
		Boulevard	Richard-Lenoir, réser.	20
136	17e	Avenue de	Clichy.	25
142	18e	Boul. de la	Chapelle.	8
		Rue	Doudeauville, 1re rés.	6
		Rue de la	Chapelle, 2e réserve.	40
144	18e	Rue	Christiani	25
		Rue de	Clignancourt, avançage	21
152	19e	Place	Compans et r. de Brame	25
109	13e	Avenue de	Choisy.	4
		Avenue des	Gobelins, avançage.	6

Numéros des Stations	Arrondissements	Emplacements des Voitures		Nombre des Voitures

D

19	2ᵉ et 3ᵉ	Boulevard	Saint-Denis.........	20
82	10ᵉ	Rue du	Faubourg St-Denis...	80
		Rue de	Dunkerque, pl. Roubaix, avançage...	10
161	12ᵉ	Avenue	Daumesnil.........	14

E

36	5ᵉ	Rue des	Écoles.........	20
113	14ᵉ	Boulevard d'	Enfer.........	80
		Place d'	Enfer, chemin de fer de Sceaux, avançage..	12
124	15ᵉ	Rue des	Entrepreneurs......	20
162	16ᵉ	Boulevard	Excelmans.........	25

F

24	3ᵉ	Boulevard des	Filles-du-Calvaire...	25
27	5ᵉ	Rue des	Fossés St-Bernard...	30
		Quai	St-Bernard, 1ᵉʳ avançage.........	15
		Quai	St-Bernard, 2ᵉ avançage.........	15
59	8ᵉ	Rue du	Faub.-St-Honoré......	15
151	19ᵉ	Rue de	Flandre.........	28
66	8ᵉ	Avenue de	Friedland.........	18
		Rue	Beaujon. Réserve...	8

3

Numéros des Stations	Arrondissements	Emplacements des Voitures		Nombre des Voitures

G

38	5e	Avenue des	Gobelins............	24
		Avenue de la	Collégiale, réserve..	13
6	1er	Rue de la	Grande-Truauderie et du Cygne......	12
		Rue du	Cygne. Réserve.....	3
28	4e	Quai de	Gèvres.........	19
		Avenue	Victoria. Avançage..	8
		Quai de	Gèvres à partir de 9 h. du matin. Réserve.	16
31	5e	Rue	Geoffroy-St-Hilaire...	17
		Rue	Cuvier, réserve.....	8
39	5e	Rue	Gay-Lussac........	15
111	13e	Boulevard de la	Gare.............	35
120	15e	Boulevard de	Grenelle près la place Cambronne......	30
128	16e	Avenue de la	Grande-Armée, Porte Maillot..........	70
121	15e	Boulevard de	Grenelle, près le quai de Grenelle......	45
126	16e	Grande-Rue d'	Auteuil..........	6
		Rue	Géricault, 1re réserve.	12
		Rue	Magenta, à Auteuil. 2e réserve......	13

H

29	4e	Quai de l'	Hôtel-de-Ville.....	30
67	8e	Boulevard	Haussmann.......	12
		Rue	Pasquier, Avançage..	10
107	12e	Boulevard de l'	Hôpital..........	70
		Place	Valubert et quai St-Bernard, réserve....	40
165	9e	Rue	Hippolyte-Lebas, rés.	9
158	20e	Rue	Henri-Chevreau....	12

Numéros des Stations	Arrondissements	Emplacements des Voitures	Nombre des Voitures

IJ

166	7e	Boulevard des Invalides	15
11	2e	Boulevard des Italiens	15
		Boulevard des Capucines et r. Halévy. Avançage	14
13	2e	Boulevard des Italiens	13
		Boulevard des Italiens. Avançage	8
51	7e	Rue d'Iéna	17
		Place Vauban et Avenue de Tourville, 1er avançage	15
		Boulevard des Invalides. 2e avançage	4
68	8e	Palais de l'Industrie	14
		Avenue des Champs-Elysées. 1er Avançage	19
		Abords du Concert des Champs-Elysées, 2e avançage	12
110	13e	Avenue d'Italie	20
		Avenue de Choisy. Réserve	6
112		Boulevard d'Italie	45
116	14e	Boulev. Saint-Jacques	45
132	16e	Avenue Joséphine	20

L

9	1er	Quai du Louvre	18
		Quai du Louvre A partir de 9 heures du matin, avançage	18
50	7e	Rue de l'Université	6
		Rue Martignac, église Sainte-Clotilde. Réserve	7
54	7e	Boulevard Latour-Maubourg	17
		Rue de l'Université, réserve	
62	8e	Rue de Londres	16
		Rue d'Amsterdam, 1er avançage	6

Numéros des Stations	Arrondissements	Emplacements des Voitures		Nombre des Voitures
		Rue d'	Amsterdam, 2ᵉ avançage...	7
	9ᵉ	Rue Saint-	Lazare, 3ᵉ avançage...	4
	8ᵉ	Rue de	Londres, 4ᵉ avançage...	5
		Rue de Saint-	Pétersbourg, 1ʳᵉ réserve...	11
		Rue	Moncey, 2ᵉ réserve...	7
81	10ᵉ	Rue	Lafayette...	4
		Rue de	Chabrol, réserve...	12
103	12ᵉ	Chemin de fer de	Lyon...	90
		Rampe du chemin de	fer, côté de l'arrivée, avançage...	(2.)
115	14ᵉ	Chemin de fer de	l'Ouest, boulev. Montparnasse...	35
	15ᵉ	Avenue du	Maine, 1ʳᵉ réserve...	20
	14ᵉ	Chaussée du	Maine, 2ᵉ réserve...	14
	15ᵉ	Boulevard de	Vaugirard, 3ᵉ réserve.	40
118	14ᵉ	Rue de	l'Ouest (Plaisance)...	20
122	15ᵉ	Rue	Lecourbe...	10
129	16ᵉ	Boulevard	Lannes, bois de Boulogne, place Dauph.	90
148	19ᵉ	Rue	Lassus et r. de Louvain	22
159	16ᵉ	Avenue des	Lacs...	12
74	9ᵉ	Rue de	Lafayette...	20
		Rue de	Lafayette, réserve...	19

M

1	1ᵉʳ	Rue du	Mont-Thabor...	11
		Rue de	Luxembourg, 1ᵉʳ avanç.	3

Numéros des Stations	Arrondissements	Emplacements des Voitures		Nombre des Voitures
		Rue de	Mondovi 1re réserve	2
		Rue de	Luxembourg, 2e réser.	8
7	1er	Quai du	Marché-Neuf	25
		Rue d'	Arcole, avançage	12
8	1er	Quai de la	Mégisserie, à partir de 9 h. du matin	50
		Rue des	Halles, réserve	6
14	2e	Boulevard	Montmartre	11
		Boulevard	Montmartre, avançage	4
65	8e	Avenue de	Messine	10
33	5e	Quai	Montebello	20
		Quai de la	Tournelle, avançage	30
		Place	Maubert, 1re réserve	4
	4e	Place du	Parvis Notre-Dame, 2e réserve	10
40	6e	Rue de	Médicis	27
		Rue Casimir	Delavigne, 1er avanç.	5
		Rue de	l'École de Médecine et rue Antoine-Dubois, 2e avançage	4
42	6e	Quai	Malaquais	23
		Quai	Malaquais, avançage	15
45	6e	Boulevard	Montparnasse	40
		Carrefour de	l'Observatoire, avanç.	12
47	6e	Boulevard de	Montparnasse	12
61	8e	Place de la	Madeleine	15
		Rue Royale-St-	Honoré, 1er avançage	4
		Rue	Tronchet, 2e avanç.	15
		Boulevard	Malesherbes. Réserve	10
70	8e	Boulevard de la	Madeleine	18
		Rues Boudreau et	Auber. Réserve	9
77	9e	Square	Montholon	19
		Rue de	Lafayette, avançage	6
84	10e	Rues de	Metz, de Nancy et du Faub. St-Mart., chemin de fer de Strasbourg	52

Numéros des stations	Arrondissements	Emplacements des Voitures	Nombre des Voitures
164	8ᵉ et 17ᵉ	Boulevard Malesherbes............	15
85	10ᵉ	Boulevard Saint-Martin..........	20
		Rue de la Douane, avançage..	10
86	10ᵉ	Boulevard de Magenta............	24
		Boulevard de Denain. 1ᵉʳ avançage.	12
		Boulevard de Magenta. 2ᵉ avançage.	20
88	10ᵉ	Boulevard Magenta............	10
		Boulevard Magenta, réserve...	8
91	20ᵉ	Boulevard de Ménilmontant, ancienne barrière de Ménilm.	30
105	12ᵉ	Boulevard Mazas............	20
114	14ᵉ	Chaussée du Maine............	15
117	14ᵉ	Rue Mouton-Duvernet....	20
119	14ᵉ	Boulevard de Montrouge..........	25
127	16ᵉ	Chaussée de la Muette..........	15
		Rue Vidal. Avançage....	6
154	20ᵉ	Boulevard Ménilmontant, Père-Lachaise......	48

N

101	12ᵉ	Place de la Nativité, à Bercy...	10
137	17ᵉ	Boulevard de Neuilly et rue Prony..	26
		Boulevard Malesherbes, avança..	6

O

56	7ᵉ	Quai d' Orsay..........	24
		Quai d' Orsay. Avançage...	8
143	18ᵉ	Rue Ordener..........	20

P

5	1ᵉʳ	Place du Palais-Royal.......	30
		Rue du Louvre. Réserve....	14
		Quai du Louvre, 2 rés., 2 bur.	58

Numéros des Stations	Arrondissements	Emplacements des Voitures	Nombre des Voitures
49	7e	Rue de Poitiers	12
		Quai d'Orsay. Réserve	16
64	9e	Avenue de Portalis et pl. Laborde	11
		Avenue Portalis, 1er avançage	4
		Boulevard Malesherbes, église St-Augustin, 2e avançage	5
		Boulevard Malesherbes, 3e avançage	15
		Rue Cambacérès, Ministère de l'intérieur, 4e avançage	5
76	9e	Boulevard Poissonnière	35
89	2e	Boulevard Poissonnière	25
99	12e	Boulevard de Picpus, place du Trône	40
	20e	Boulevard de Charonne. Réserve	30

Q

22	3e	Rue des Quatre-Fils	22
		Rue du Chaume. Avançage	14
		Rue de Braque. Réserve	4

R

4	1er	Rue Radziwill	20
		Rue Beaujolais. Réserve	2
16	2e	Place Richelieu, r. Rameau et Lully	13
		Rue Thérèse et r. des Moulins. Réserve	5
20	3e	Rue Réaumur	7
		Rue Réaumur prolongée. Avançage	8
		Rue Conté. 1re réserve	2
		Rue Palestro. 2e réserve	8
30	4e	Place Royale	15
		Place Royale. Réserve	6

Numéros des Stations	Arrondissements	Emplacements des Voitures		Nombre des Voitures
71	9e	Ancien barrière	Rochechouart	45
	18e	Rue de	Clignancourt. Réserve.	5
92	11e	Boulevard	Richard-Lenoir	25
102	12e	Quai de la	Râpée	30
		Boulevard de	Bercy. Avançage	10
106	12e	Boulevard de	Reuilly	30
133	16e	Avenue du	Roi-de-Rome	30
156	20e	Place de la	Réunion, à Charonne	11
160	8e	Rue de	Rome	36
135	17e	Rue de	Rome	40
		Square des	Batignolles. Avançage.	6

S

34	5e	Rue	Soufflot	13
		Place du	Panthéon. 1re réserve	8
		Rue Clotilde	2e réserve	19
35	5e	Place de la	Sorbonne	10
43	6e	Place de	Saint-Sulpice	15
		Rue	Bonaparte. Réserve	10
		Rue	Madame. 1er Avançage	10
		Rue de	Rennes. 2e Avançage.	8
32	5e	Boulevard	Saint-Germain	26
44	6e	Boulevard	Saint-Germain	7
		Rue	Saint-Benoît. Réserve.	11
163	7e	Boulevard	Saint-Germain	14
52	7e	Rue de	Sèvres	44
53	7e		Square des Ménages	40
		Rue de	Varennes. Avançage..	3
80	10e	Boulevard de	Strasbourg	17
		Rue du	Château-d'Eau. Réserve	6
138	17e	Avenue Saint-	Ouen	10
		Avenue de	Clichy. Avançage	5
153	19e	Boulevard	Serrurier	45

Numéros des Stations	Arrondissements	Emplacements des Voitures	Nombre des Voitures

T

10	1ᵉʳ	Rue	Traîneo, à partir de 9 heures du matin .	12
23	3ᵉ	Boulevard du	Temple	22
		Rue de	Turenne, 102. Réser.	5
75	9ᵉ	Rue de	Trévise	11
		Rue de	Trévise. Avançage. . .	3
		Rue	Monthyon. Réserve . .	3
78	9ᵉ	Rue de la	Trinité.	12
		Rue	Morlot. 1ᵉʳ avançage .	4
		Rue de	Cheverus. 2ᵉ avançage.	4
125	15ᵉ	Rue du	Théâtre (Grenelle). . .	20
139	17ᵉ	Avenue des	Ternes, près la porte des Ternes.	15

V

93	11ᵉ	Place	Voltaire	26
94	11ᵉ	Boulevard	Voltaire.	30
3	1ᵉʳ et 2ᵉ	Place des	Victoires.	28
48	7ᵉ	Quai	Voltaire	18
		Quai	Voltaire. Réserve . .	15
100	20ᵉ	Cours de	Vincennes.	40
123	15ᵉ	Boulevard de	Vaugirard	35
146	19ᵉ	Ancienne barrière de la Villette	30
		Quai de la	Loire. Avançage. . . .	10
149	19ᵉ	Boulevard de la	Villette, ancienne barrière du Combat. . .	50
		Rue	Puébla. Avançage. . .	10

NOMBRE DE STATIONS

167 Corps de place pour.	3,986 voitures.
64 Avançages pour	635 —
64 Réserves pour	796 —
295 Stations autorisées pouvant recevoir	5,417 voitures.

DÉPOTS　　　　　ADRESSES DES DÉPOTS

Lanternes vertes

Vauban .... Place Vauban.
Grenelle........ Rue de Grenelle, 199.
Ivry .... Rue Dunois, 6.
Campagne...... Boulevard d'Enfer, 33.

Lanternes jaunes

Bellefonds..... Rue Bellefonds, 24.
Chabrol .... Rue Philippe-de-Girard, 48 (La Chapelle)
Barr. Blanche.. Boulevard de Clichy, 66.

Lanternes bleues

Chaumont..... Rue des Buttes-Chaumont, 6.
Popincourt .... Rue du Chemin-Vert, 92.
Canal......... Rue Bréguet, 17.
Chemin-Vert... Rue du Chemin-Vert, 20.
Folie-Méricourt Rue Folie Méricourt, 74.
Belleville...... Boulevard de La Villette, 122.
Arago......... Rue des Chauffourniers, 24.

Lanternes rouges

La Pompe..... Rue Duret, 125 (Passy).
Orléans........ Rue Legendre, 108 (Batignolles).
Cardinet....... Rue Cardinet, 112 (Batignolles).

Principaux Hôtels de Paris

A

Albion (Grand hôtel d'), r. du Bouloi, 20.
Alma (De l'), r. Saint-Arnaud, 11.
Allemagne et Navarrais (D'), rue du Bouloi, 11.
Ambassadeurs (Des), rue Sainte-Anne, 73.
Amirauté (De l'), r. Neuve-Saint-Augustin, 55.
Angleterre (D'), r. du Mail, 10.
Angleterre (D'), r. Saint-Lazare, 132.
Angleterre et d'Allemagne (Gd hôtel d'), r. Lafayette, 60.
Antin (Grand hôtel d'), r. d'Antin, 18.
Ardennes (Des), pas. du Saumon, 60.
Ardennes (Des), r. d'Alsace, 7.
Atlantique (Grand hôtel), r. Jean-Jacques-Rousseau, 18.

B

Bade (De), boul. des Italiens, 32.
Batavia, cité Bergère, 2 *bis*.
Bavière, r. du Conservatoire, 17.
Bayonne, r. d'Aboukir, 41.
Beauséjour, boul. Poissonnière, 30.
Bel-Air (Du), r. des Enfants-Rouges, 10.
Belgique (De), r. du Louvre, 12.
Bergère (Grand hôtel), r. Bergère, 34.
Bernaut, cité Bergère, 4.
Bordeaux (De), r. J.-J. Rousseau, 33.
Boucherat, r. de Turenne, 110.
Boulogne et Calais (De), pas. Radziwill, 15.
Bourse et des Ambassadeurs (De la), r. Notre-Dame-des-Victoires, 17
Brésil (Du), cité Bergère, 23.
Ventes Mobilières (des), rue Drouot.
Immobilières, place du Châtelet, chambre des notaires.

Brésil (Du), r. du Helder, 16.
Britannique, r. Duphot, 22.
Bruxelles (De), r. du Mail, 33.

C

Cailleux, r. Saint-Quentin, 37.
Calais, rue Neuve-des-Capucines, 5.
Canterbury, boul. Haussmann, 44.
Central et des Archives, r. des Francs-Bourgeois, 4 (Marais)
Chariot d'or (Du), r. Grenela, 13.
Charlemagne (Grand hôtel de), place Royale, 1.
Châteaubriand, r. Saint-Quentin, 31.
Chatham, r. Neuve-Saint-Augustin, 67.
Chemin de Fer (Du), cour Bonne, 4.
Chemin de Fer du Nord (Du), boul. Denain, 12.
Chemin de Fer de Strasbourg (Du), boul. Strasbourg, 4.
Cherbourg (De), r. Vauvilliers, 33.
Chevalier-du-Guet (Du), r. de Rivoli, 112.
Cologne (De), r. de Trévise, 10.
Colonies et du Pérou (Grand hôtel des), r. Lafayette, 7.
Commerce (Du), r. Traversière, 13.
Compas d'Or (Du), r. Montorgueil, 72.
Conti, r. du Bouloi, 15.
Coq-Héron, r. Coq-Héron, 3.
Coquillière, r Coquillière, 21.

D

Dalayrac, r. Monsigny, 2.
Danube (Du), r. Richepance, 11.
Dauphin (Du), pas. Radzivill, 23.
Départ (Du), r. de Châlons. 7.
Deux-Mondes (des), r. d'Antin, 8.
Deux-Portes (des), r. des Deux-Portes-St-Sauveur, 7.
Dieppe (De), r. d'Amsterdam, 22.
Doré (Grand hôtel), boul. Montmartre, 3.
Douvres et de Genève (De), r. Poissonnière, 44.

Dresde (Grand hôtel de), r. Bergère, 27.
Dréfus, r. Laffitte, 26.

E

Empereurs (Des), r. J.-J. Rousseau, 20.
Empire (De l'), r. Neuve-St-Augustin, 57.
Empires (des), r. du Bouloi, 11.
Epée de Saint-Louis (De l'), r. de Turenne, 115.
Espagne et d'Amérique (D'), r. Lafayette, 56.
Espagne (D'), cité Bergère, 11.
Espagne et Hongrie (D'), r. Taitbout, 6.
Espagne (Grand hôtel d'), boul Montmartre, 10.
Etats-Généraux (des), r. Sainte-Anne, 36.
Etats-Unis (Des), r. d'Antin, 16.
Etoile du Nord (Grand hôtel de l'), r. Bergère, 37.
Etrangère et de la Madeleine, r. Tronchet, 24.
Etrangers (Des), r. Feydeau, 3.
Etrangers (Des), pas. du Saumon, 18.
Etrangers (Des), r. Vivienne, 3.
Europe (De l'), r. Notre-Dame-des-Victoires, 10.
Europe (De l'), boul. de Strasbourg, 74.
Europe (Grand hôtel de l'), r. de Valois, 4.
Europe (Grand hôtel de l'), r. Lepeltier, 5.

F

Florence (De), r. Neuve-des-Mathurins, 74.
Folkestone (De), r. Castellane, 9.
France (De), r. du Caire, 4.
France (De), r. Coq-Héron, 11.
France et d'Allemagne (De), boul. de Strasbourg, 1.
France et d'Espagne (De), r. Notre Dame-des-Victoires, 4.
France et de Bath (De), r. Saint-Honoré, 239.
France et Champagne (De), r. Montmartre, 132.
Francfort (De), r. d'Argout, 12.
Fénelon, r. Férou, 11.

G

Gare (De la), r. de Metz, 2.
Gaules et d'Arien (Des), r. Coq-Héron, 17.
Germanie (De), r. de la Michaudière, 9.
Grande-Bretagne (De la), r. Caumartin, 14.
Grand-Hôtel, boulevard des Capucines, 12.
Grand-Hôtel, boul. des Capucines, 37.
Grenelle (De), r. J.-J. Rousseau, 17.

H

Haute-Vienne (De la), cité Bergère, 8.
Havre (Du), r. d'Argout, 45.
Havre et du Pas-de-Calais (Du), r. du Boulol, 25.
Helder (Du), r. du Helder, 9.
Hollande (De), r. Radziwill, 31.
Hollande (De), r. de la Paix, 22.
Havane, rue de Trévise.

I

Iles Britanniques (Des), r. de la Paix, 22.
Italiens (Des), r. de Choiseul, 29.

J

Jussienne (De la), r. Montmartre, 47.

L

Lacombe, cité Bergère, 6.
Lafayette (Grand hôtel de), r. de Buffault, 6.
Laffitte (Grand hôtel), r. Laffitte, 40.
La Chavanne (De), r. de Trévise, 44.
Liban (Du), r. Grange-Batelière, 4.
Liége (De), r. du Jour, 10.
Lille et Albion (De), r. Saint-Honoré, 223.
Lion d'Argent (Du), r. Saint-Sauveur, 71.

Lion d'Argent (Grand hôtel du), faubourg St-Denis, 47.
Lion d'Argent (Du), r. Aumaire, 23.
Lion d'Or (Du), r. Greneta, 18.
Londres et de New-York (De), place du Havre, 43.
Lorraine (De), r. d'Alsace, 3.
Louis-le-Grand et du Brésil, r. Louis-le-Grand, 8.
Louvois (Grand hôtel de), r. Lulli, 3.
Lyon et de Berlin (De), r. du Conservatoire, 7.
Louvre (Grand hôtel du), r. de Rivoli, 166.
Londres, r. Castiglione, 5.

M

Malte (Grand hôtel de), r. Richelieu, 63.
Manchester (De), r. de Grammont, 1.
Marguery (De), boul. Bonne-Nouvelle, 36.
Marine (De la), r. Croix-des-Petits-Champs, 48.
Marine et Brest (De la), r. Gaillon, 23.
Marne (De la), passage du Saumon, 48.
Marseille (De), r. de Lyon, 25.
Martinique (De la), r. J.-J. Rousseau, 15.
Mayenne (De la), r. Duphot, 6.
Mayran (De), r. Mayran, 3.
Messagerie (De la), r. Paul-Lelong, 9.
Metz (De), r. Paul-Lelong, 17.
Monde (Du), r. Lafayette, 49.
Montesquieu, r. Montesquieu, 5.
Mouton (Du), r. Palestro, 13.
Mulhouse (De), r. du Croissant, 13.
Mulhouse et Colmar (De), r. d'Argout, 5.
Mirabeau, r. de la Paix.

N

Nantes (De), r. d'Argout, 47.
National, r. Notre-Dame-des-Victoires, 11.
New-York (De la ville), r. de Strasbourg, 5.

Nice (De) r. Notre-Dame-des-Victoires, 36.
Nimes (De), r. Vauvillier, 31.
Nord (Du), r. Notre-Dame-des-Victoires, 20.
Nord (Grand hôtel du), r. Lafayette, 135.
Normandie (De), passage Radzivill, 13.
Normandie (Grand hôtel de), r. Saint-Honoré, 256.
Nouveau-Monde (Du), r. Saint-Lazare, 125.

O

Olivier (Grand hôtel), r. Cardinal-Fesch, 31.
Orient (D'), r. Neuve-Saint-Augustin, 48.
Orient et Barcelonne (D'), r. Saint-Georges, 18.
Orient (Hotel d'), r. du Renard, 22.

P

Pagevin, r. Pagevin, 18.
Palais-Royal (Du), r. d'Argout, 21.
Paris (De), r. Cambacérès, 2.
Paris (De), boul. de Strasbourg, 72.
Paris et d'Albion (De), r. Caumartin, 41.
Périgord (Grand hôtel du), r. de Grammont, 2.
Petits-Pères (Des), r. Notre-Dame-des-Victoires, 12.
Pavillon de l'Echiquier (Du), r. de l'Echiquier, 36.
Plat d'Etain (Du), r. Saint-Martin, 326.
Porte Saint-Martin (De la), faub. Saint-Martin, 4.
Port-Mahon (De), r. de Port-Mahon, 9.
Poste (Grand hôtel de la), r. Pagevin, 12.
Prince-Albert (Du), r. Sainte-Hyacinthe-St-Honoré, 5.
Prince-de-Galles (Du)) r. d'Anjou-Saint-Honoré, 5.
Prince-Régent (Du), r. Ste-Hyacinthe-St-Honoré, 10.
Provinces (Des), r. Geoffroy-Marie, 2.

Q

Quincampoix et de la Tour d'argent, r. Quincampoix, 53.

R

Rastadt (De), r. Neuve-Saint-Augustin, 44.
Reims (De), passage du Saumon, galerie du Salon, 8.
Reims (De), r. de la Jussienne, 20.
Rennes et d'Orléans (De), r. d'Orléans-Saint-Honoré, 13.
Rhin (Du), r. Croix-des-Petits-Champs, 18.
Rhin (Du), cité Bergère, 3
Rhône (Du), r. J.-J. Rousseau.
Richemont (De), r. du Helder, 11.
Rome (De), r. Montmartre, 136.
Rossini, r. Rossini, 16.
Roubaix (De), r. Greneta, 6.
Rouen (De), r. Saint-Denis, 247.
Rouen (De), r. J.-J. Rousseau, 12.
Rouen (De), r. Notre-Dame-des-Victoires, 18.
Rouen (De), r. Croix-des-Petits-Champs, 42.
Rougemont, r. Rougemont, 2.
Russie (De), r. Drouot, 1.
Rhin (du), place Vendôme, 4 et 6.

S

Splendide Hôtel, avenue de l'Opéra.
Saint-Christophe, r. Montorgueil, 47.
Sainte-Marie, r. de Rivoli, 83.
Saint Phar, boul. Poissonnière, 32.
Saint-Pierre, r. Notre-Dame-des-Victoires, 22.
Saumon (Du), pas. du Saumon, 1.
Spa (Grand. hôtel de), r. Lafayette, 15.
Square Montholon (Du), r. Montholon, 15.
Stanislas, r. de Strasbourg, 13.
Strasbourg (De), r. d'Aboukir, 28.
Strasbourg (De), r. Richelieu, 50.
Strasbourg (Grand hôtel de), r. de Strasbourg.

T

Télégraphe (Du), r. de Strasbourg, 8.
Thévenot (De), r. Thévenot, 18.
Tours et Magenta (Grand hôtel de), r. Lancry, 29.
Trévise (De), r. de Trévise, 18.
Tuileries (Des), r. Saint-Honoré, 147.
Turin (De), r. d'Argout, 36.

W

Wagram, r. de Rivoli, 208.
Winsdsor, r. de Rivoli, 226.
Westminster, r. de la Paix, 11 et 13.

CHEMIN DE FER DE L'OUEST

Ligne de Bretagne, rive gauche, gare Montparnasse, 44.

A PARTIR DU 1ᵉʳ JANVIER 1876

DÉPART DE PARIS.			ARRIVÉE A PARIS		
Service d'hiver.			*Service d'hiver.*		
Mat.	Grandville....	7 »	Mat.	Le Mans.....	2 40
	Brest, exp.....	7 30		Rennes.....	3 30
	Le Mans......	8 »		Angers.....	4 »
	Argentan, exp..	8 55		Grandville...	4 30
	Rambouillet..	9 30		Mans.....	4 45
	Dreux......	9 45		Rambouillet...	8 »
	Rennes, exp.	10 40		Dreux......	9 »
Soir.	Grandville....	12 30		Chartres.....	9 55
	Le Mans.....	12 50		L'Aigle.....	10 30
	Argentan....	4 30	Soir.	Mans......	12 40
	Le Mans.....	5 »		Dreux......	2 »
	Dreux......	5 50		Rennes.....	3 45
	Rambouillet...	7 30		Mans......	4 30
	Brest, post....	8 »		Mans......	5 40
	Grandville, post.	8 45		Argentan....	6 05
	Mans, Angers, direct.....	9 30		Rambouillet...	6 55
	Brest......	10 30		Le Mans.....	10 05
				Grandville...	10 30
				Le Mans, exp..	11 40

Départ de Paris à Versailles de 7 h. 5 m. du matin à minuit 40, toutes les heures. | Départ de Versailles à Paris de 6 h. 35 du matin à minuit 35 m. du soir, toutes les heures.

CHEMIN DE FER DE L'OUEST

Ligne de Normandie, rive droite, gare St.-Lazare

A PARTIR DU 1er JANVIER 1876

DÉPART DE PARIS.		ARRIVÉE A PARIS	
Service d'hiver.		*Service d'hiver.*	
Mat. Dieppe	6 30	Mat. Le Havre, post..	3 55
Mantes	7 15	Cherbourg, post.	4 20
Havre, exp.	8 »	Honfleur	5 »
Cherbourg	8 20	Poissy	7 50
Cherbourg, exp.	9 »	Mantes	8 55
Mantes	9 25	Gournay	9 22
Poissy	10 45	Lisieux	9 50
Dieppe	11 40	Rouen	10 20
Mantes	11 50	Rouen, exp.	11 30
Havre	12 25	Dieppe	11 55
Soir. Havre, exp.	12 55	Mantes	12 »
Lisieux	1 20	Soir. Le Havre	12 50
Caen	3 25	Caen	1 50
Rouen	4 25	Poissy	2 50
Dieppe	4 »	Mantes	3 50
Mantes	5 25	Le Havre exp.	4 30
Meulans	5 50	Le Havre	5 »
Havre, exp.	6 30	Dieppe	5 30
Rouen	7 20	Mantes	5 50
Gournay	8 30	Le Havre	6 20
Cherbourg, pos.	9 »	Cherbourg, post.	7 05
Honfleur	10 15	Le Havre	9 50
Le Havre, post..	10 50	Caen	10 20
Rouen	12 10	Poissy	11 »
Poissy	12 30	Dieppe	11 30
		Le Havre, exp..	11 30

Départ de Paris à Versailles de 7 h. 30 m. du matin à 12 h. 30 m. soir, toutes les héures.

Départ de Versailles à Paris de 7 h. du matin à 11 h. 30 m. soir, toutes les heures.

De même pour Saint-Germain.

CHEMIN DE FER DE L'EST

Place de Strasbourg

SERVICE D'HIVER A PARTIR DU 1er JANVIER 1876

DÉPART DE PARIS		ARRIVÉE A PARIS	
Mat. Avricourt. . . .	12 25	Mat. Avricourt. . . .	4 »
Belfort	12 35	Belfort	4 20
Belfort	6 30	Avricourt, Ard..	5 »
Nancy.	7 05	Belfort exp. . . .	5 20
Meaux	7 20	Avricourt, exp.	5 30
Belfort	7 45	Gretz	7 20
Coulommiers. .	8 »	Meaux	7 30
Avricourt, exp.	8 25	Coulommiers. .	8 20
Provins.	9 »	Meaux	8 30
Château-Thierry	9 20	Provins.	9 15
Meaux	10 20	Belfort	10 »
Coulommiers. .	11 »	Avricourt. . . .	10 35
Nancy.	12 »	Châlons.	11 »
Soir. Chalindrey . .	12 35	Châlons.	11 20
Meaux	1 20	Soir. Bar-s-Seine. . .	12 15
Gretz	3 »	Meaux	1 30
Château-Thierry	3 10	Coulommiers. .	3 »
Avricourt. . . .	4 25	Chalendray . .	4 10
Meaux	4 40	Château-Thierry	4 25
Bar-s-Seine. . .	5 »	Nancy	5 »
Châlons.	5 20	Meaux	5 40
Coulommiers. .	5 30	Coulommiers. .	5 50
Provins.	6 »	Ardennes. . . .	6 05
Meaux	6 40	Gretz	7 30
Coulommiers. .	7 »	Meaux	8 12
Ardennes. . . .	7 50	Belfort	8 50
Belfort exp. . .	8 05	Avricourt, exp.	9 10
Avricourt exp. .	8 25	Belfort	9 30
Belfort	8 40	Coulommiers. .	10 15
Meaux	8 50	Avricourt. . . .	10 25
Avricourt. . . .	9 25	Meaux	10 55
Gretz	10 »	Longueville . .	11 20
Meaux	10 45	Lagny.	11 30

CHEMIN DE FER DE LYON
Boulevard Mazas, 7.
SERVICE D'HIVER A PARTIR DU 18 OCTOBRE 1875

DÉPART DE PARIS		ARRIVÉE A PARIS.	
Mat. Marseille, direct.	6 30	Mat. Lyon p. Corbeil	3 25
Lyon	6 50	Valence	4 »
Brunoy	7 05	Marseille, exp.	5 10
Montargis, par		Vichy, exp.	5 33
Corbeil	7 35	Lyon exp.	6 55
Clermont	7 55	Corbeil	7 30
Montereau	9 »	Montereau	8 10
Corbeil	9 30	Marseille, exp.	8 30
Marseille, expr.	11 »	Corbeil, dim.fêt.	8 45
Montargis, par		Brunoy	9 12
Corbeil	11 25	Cette par Lan-	
Sainçaise, direct	12 »	geac et Lyon.	9 35
Soir. Dijon	12 20	Montargis, par	
Corbeil	1 40	Corbeil	10 05
Marseille, dir.	3 05	Auxerre	11 20
Tonnerre	3 25	Marseille, direct	11 45
Montargis, par		Soir. Corbeil	12 24
Corbeil	3 45	Nevers	1 07
Lyon, Bourbon.,		Corbeil	3 10
direct	4 40	Marseille	3 30
Melun	4 55	Montereau	4 45
Corbeil	5 15	St-Germain-des-	
Montereau	5 30	Fossés	5 15
Corbeil	6 05	Montargis, par	
Brunoy	6 25	Corbeil	5 40
Marseille, exp.	7 15	Marseille, exp.	6 »
Marseille, exp	8 »	Châlon-s-Saône	8 20
Vichy, exp.	8 20	Corbeil, dim.fêt.	9 »
Lyon exp.	8 40	Brunoy	9 42
Clamecy	9 20	Brioude-Tarare,	
Lyon, Bourbon.,		par Bourbon	10 10
par Corbeil.	9 45	Marseille, direct	10 36
Marseille	10 45	Montargis, par	
		Corbeil	11 10
		Lyon	11 35

Dimanches et Fêtes :
Matin. 7 50, 8 05, 8 », 8 15, 8 15, 8 05, 8 40.
Soir. 11 50, 12 05, 12 15, 12 05, 12 40.

Dimanches et Fêtes :
Soir. 2 45, 3 15, 3 30, 3 20, 3 20, Brunoy Brunoy, 8 40, 9 10, 9 25, 9 15, 9 15, Brunoy Fontainebleau 9 45, 10 15, 10 40, 10 20, 10 20, Maisons-Alfort 10 55, 11 25, 11 40, 11 30, 11 30.

CHEMIN DE FER D'ORLÉANS

Quai d'Austerlitz.

SERVICE D'HIVER A PARTIR DU 20 NOVEMBRE 1875

DÉPART DE PARIS		ARRIVÉE A PARIS	
Mat. Orléans, direct..	12 30	Mat. Orléans, direct..	12 45
Tours,	6 03	Orléans	2 29
Orléans	7 15	Bordeaux	3 22
Etampes	8 »	Orléans	3 51
Orléans, exp..	9 10	Orléans	4 20
Brétigny	9 20	Orléans, poste.	4 39
Toulouse, exp..	10 15	Orléans	5 05
Bordeaux, exp..	10 45	Bordeaux	5 22
Tours	11 05	Dourdan	8 04
Bordeaux, direct	11 45	Chateaudun	9 16
Soir. Etampes	1 20	Etampes	10 24
Limoges, direct	2 15	Tours, exp...	10 52
Tours	4 »	Soir. Orléans	12 04
Etampes, direct	5 »	Chateaudun	2 10
Orléans	5 15	Orléans	3 04
Etampes	6 10	Vierzon, exp..	4 40
Toulouse, poste	7 45	Etampes	5 50
Bordeaux	8 15	Toulouse, exp..	6 15
Tours	8 45	Tours	7 50
Etampes	9 »	Limoges	8 03
Limoges, direct	9 40	Dourdan	9 23
Bourges	10 05	Bordeaux, exp..	9 54
Nantes	11 »	Orléans, direct	11 05
Borceaux	11 45	Orléans	11 44

DERNIERS CHANGEMENTS

APPORTÉS A

L'INDICATEUR des Heures des Trains

DU

CHEMIN DE FER D'ORLÉANS

Service d'Été, à partir du 1ᵉʳ Juillet 1876

DÉPART DE PARIS		ARRIVÉE A PARIS	
Mat. Orléans	12 30	Mat. Toulouse, direct	1 08
Vendôme	6 30	La Rochelle, direct	2 29
Centre	7 »	Nantes, direct	3 22
Bordeaux, express	8 45	Centre, direct	3 57
Nantes, express	9 10	Bretagne, direct	4 20
Brétigny	9 20	Tours, poste	4 39
Toulouse, rapide	10 15	Nantes, poste	5 05
Étampes	10 25	Bordeaux, poste	5 27
Bordeaux	11 45	Étampes	8 04
Soir. Tours, express	12 30	Châteaudun	9 16
Soir. Étampes	1 20	Brétigny	10 24
Centre	2 15	Tours	10 57
Tours	4 »	Soir. Orléans	12 04
Étampes	5 »	Tours	2 10
Orléans	5 15	Centre	3 04
Étampes	6 10	Centre, express	4 30
Centre	7 45	Bordeaux, express	5 »
Bordeaux, poste	8 15	Étampes	6 05
Nantes, la Rochelle, poste	8 45	Toulouse, rapide	6 20
Étampes	9 »	Tours	6 35
Centre, direct	9 40	Centre	8 03
Bourges, direct	10 05	Étampes	10 16
Nantes, direct	11 »	Bordeaux, direct	10 45
Bordeaux, direct	11 45	Tours, direct	11 18

Paris. — Typ. Veuve Édouard Vert, rue Notre-Dame-de-Nazareth, 29.

CHEMIN DE FER DU NORD

Embarcadère, place Roubaix.

SERVICE D'HIVER A PARTIR DU 1er NOVEMBRE 1875

DÉPART DE PARIS.		ARRIVÉE A PARIS.	
Mat. Amiens	6 »	Mat. Calais	3 55
Calais	6 10	Amiens	4 35
Soissons	6 50	Soissons, post.	4 55
Cologne, exp.	7 20	Arras	5 15
Calais, exp.	7 35	Amiens, exp.	7 20
Arras, exp.	7 50	Dammartin	7 50
Lille poste	8 15	Compiègne	8 50
Givet, exp.	8 30	Soissons	8 57
Dammartin	9 50	Amiens	9 35
Arras	10 »	Cologne, exp.	10 15
Boulogne	11 45	Buzigny	11 »
Givet	12 05	Soissons	11 40
Soir. Francfort	12 35	Soir. Dammartin	12 25
Boulogne	1 30	Boulogne, dir.	1 40
Charleroy, exp.	3 45	Namur	3 15
Boulogne	4 »	Boulogne	4 30
Soissons	4 35	Charleroy, dir.	5 05
Busigny	5 »	Givet	5 20
Dammartin	5 50	Amiens, exp.	5 50
Amiens, exp.	6 10	Calais, exp.	6 05
Calais, exp.	7 45	Laon	6 20
Soissons, poste	7 50	Creil	7 20
Francfort, post.	8 »	Laon	8 20
Amiens, poste	8 15	Pontoise	8 40
Dammartin	8 45	Cologne, exp.	9 05
Creil	9 15	Arras, exp	9 55
Cologne direct	9 45	Cologne	11 »
Boulogne	10 10	Calais	11 10
Boulogne	11 05	Charleville	11 20
Coblence	11 20		

TABLE

	Pages.
Tarif maximum dans l'intérieur de Paris.	3
Tarif maximum au-delà des fortifications et communes contiguës.	3
Communes et banlieues sans tarif.	4
Arrondissements, Mairies, Justices de Paix, Quartiers et Commissariats	25
Bibliothèques.	27
Paris administratif.	28
Ambassades et Légations.	29
Administrations publiques	30
Lycées.	31
Hôpitaux et hospices civils.	32
Hôpitaux militaires et prisons.	33
Cimetières et Communautés religieuses.	34
Communautés d'hommes.	35
Noms des paroisses et églises catholiques.	Id.
Eglises non-paroissiales.	37
Cultes divers.	38
Défilé des théâtres.	Id.
Concerts.	40
Tableau des 32 lignes du nouveau réseau des omnibus	Id.
Voitures de grande remise	42
Dispositions réglementaires.	43
Stations des voitures de place	46
Principaux hôtels de Paris	59
Chemin de fer de l'Ouest (gare Montparnasse), service d'hiver.	66
Chemin de fer de l'Ouest (gare Saint-Lazare), service d'hiver.	67
Chemin de fer de l'Est, service d'hiver (1ᵉʳ janvier 1876.	68
Chemin de fer de Lyon, service d'hiver.	69
Chemin de fer d'Orléans, service d'hiver.	70
Chemin de fer du Nord, service d'hiver.	71

Neuvième édition, 1876
Corrigée et considérablement augmentée.

Tout exemplaire ne portant pas ma signature devra être regardé comme contrefait.

Paris. — Typ. Veuve Édouard Vert, rue Notre-Dame-de-Nazareth, 19.

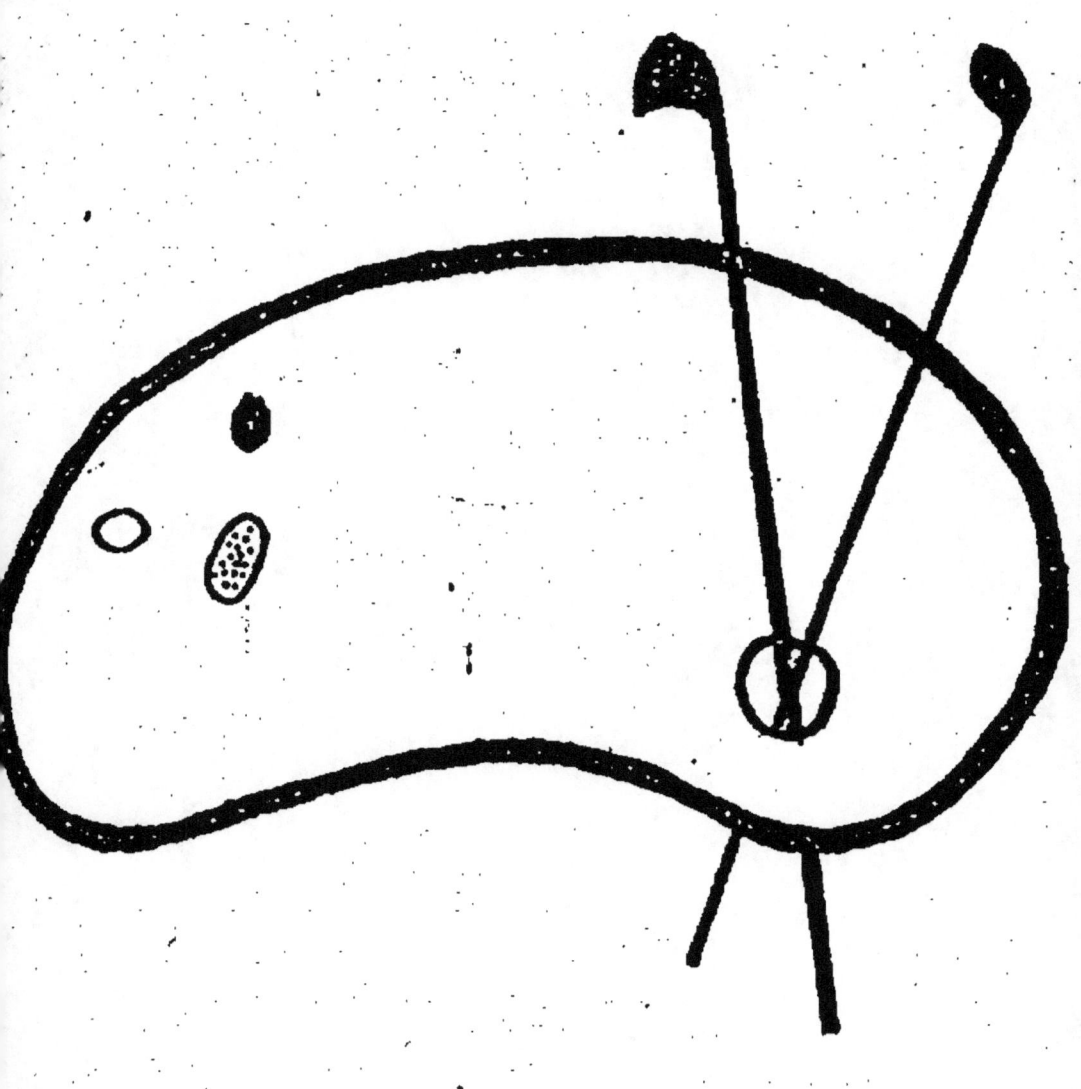

ORIGINAL EN COULEUR
NF Z 43-120-8

www.ingramcontent.com/pod-product-compliance
Lightning Source LLC
LaVergne TN
LVHW020958090426
835512LV00009B/1936